Kerstin Kiehl

"Er geleite dich durch das Dunkel des Todes in sein Licht..."

Kerstin Kiehl

"Er geleite dich durch das Dunkel des Todes in sein Licht..."

Die Aussegnung - ein vor der Vergessenheit zu bewahrendes evangelisches Abschiedsritual

Fromm Verlag

Impressum / Imprint
Bibliografische Information der Deutschen Nationalbibliothek: Die Deutsche Nationalbibliothek verzeichnet diese Publikation in der Deutschen Nationalbibliografie; detaillierte bibliografische Daten sind im Internet über http://dnb.d-nb.de abrufbar.

Bibliographic information published by the Deutsche Nationalbibliothek: The Deutsche Nationalbibliothek lists this publication in the Deutsche Nationalbibliografie; detailed bibliographic data are available in the Internet at http://dnb.d-nb.de.

Coverbild / Cover image: www.ingimage.com

Verlag / Publisher:
Fromm Verlag
ist ein Imprint der / is a trademark of
OmniScriptum GmbH & Co. KG
Heinrich-Böcking-Str. 6-8, 66121 Saarbrücken, Deutschland / Germany
Email: info@frommverlag.de

Herstellung: siehe letzte Seite /
Printed at: see last page
ISBN: 978-3-8416-0472-9

Inhaltsverzeichnis

Vorwort

In der Hessen-Nassauischen Landeskirche erscheint Anfang Mai 2014 wieder eine „Impulspost". Die EKHN wendet sich seit nunmehr zwei Jahren rund zwei Mal jährlich mit einem besonderen Info-Brief an alle 1,03 Millionen Haushalte, in denen mindestens eine evangelische Person lebt. Mit den Briefaktionen will die Landeskirche zum einen mit ihren Mitgliedern verstärkt in den Dialog treten, zum anderen will sie evangelische Themen in die Öffentlichkeit tragen. Auch viele Kirchengemeinden vor Ort greifen die jeweilige Aktion auf und wenden sich mit Plakaten und Fassadenbannern an eine breite Öffentlichkeit. Ebenso wird die Kampagne in den sozialen Medien, schwerpunktmäßig auf Facebook, weitergeführt und redaktionell betreut.

Im Frühjahr 2014 steht die „Impulspost" unter dem Motto „Zum Glück gibt's den Segen." Der Propst von Oberhessen, Pfarrer Matthias Schmidt, Mitinitiator dieser Aktion, hielt vor den Mitgliedern des Pfarrkonvents des Evangelischen Dekanats Grünberg, dem ich als Gemeindepfarrerin angehöre, Anfang April 2014 ein Referat über die geschichtliche und theologische Entwicklung des Segens. Darin kam auch die Aussegnung als besondere Form des Segens zur Sprache. In der anschließenden Gesprächsrunde entwickelte sich eine angeregte Diskussion darüber, was wir Pfarrerinnen und Pfarrer denn eigentlich tun, wenn wir Verstorbene „aussegnen". Mir wurde bewusst, wie groß der Bedarf unter Kolleginnen und Kollegen ist, mehr über die Tradition der Aussegnung und ihre seelsorgerlichen Aspekte zu erfahren. Dies nahm ich zum Anlass, da ich mich schon länger und ausführlicher mit dem Thema befasst hatte, meine Überlegungen zu veröffentlichen.

Die vorliegende Arbeit möchte Kolleginnen und Kollegen im Pfarramt und alle am Thema Interessierten informieren und ermutigen, Menschen in ihren Kirchengemeinden, ganz gleich, ob in der Stadt oder auf dem Land, mit diesem besonderen Abschiedsritual seelsorgerlich zu begleiten und auch der verstorbenen Person, als Mitglied der Kirchengemeinde, mit dem Sterbe- bzw. Valet-Segen das geistliche Weggeleit zu geben.

Dieses Büchlein soll ganz bewusst keine wissenschaftliche Arbeit im strengen Sinne sein, sondern eine Arbeits- und Orientierungshilfe mit der Bereitstellung von Hintergrundwissen und Anregungen für die eigene praktische Arbeit all derer, die sich mit Aussegnungen beschäftigen.

Mein besonderer Dank gilt dem Propst von Oberhessen und meinen Kolleginnen und Kollegen im Grünberger Pfarrkonvent für die Anregungen zu diesem Buch und meinem Mann, Dr. Rainer-Michael Lüddecke, für die redaktionelle Betreuung und Durchsicht des Manuskripts.

Groß-Eichen zum Fest der Auferstehung unseres Herrn, Anno Domini 2014

Kerstin Kiehl

Einführung

Die Bestattungs- und Trauerkultur in Deutschland befindet sich seit dem Ende des ausgehenden 20. und dem beginnenden 21. Jahrhundert in einem großen Wandel. Althergebrachte Traditionen werden immer öfter in Frage gestellt und durch neue Formen ergänzt bzw. irgendwann vielleicht sogar ganz durch diese ersetzt.

Auch der in früheren Zeiten sehr offensive und natürliche Umgang mit Tod, Sterben und Trauer wird in der gegenwärtigen Zeit sehr oft aus dem Bewusstsein der Menschen verdrängt oder zumindest gerne unterdrückt. Zunehmende religiöse Gleichgültigkeit und der oft zitierte Jugend- und Schönheitswahn der Gesellschaft sind gewiss nur einige Gründe dafür. Hauptursache dürfte vor allem die veränderte Form des Zusammenlebens und der sozialen Lebensformen überhaupt sein. Lebten in früheren Zeiten immer mehrere Generationen gemeinsam unter einem Dach, wo die Großeltern sehr oft noch wichtige Aufgaben im Haushalt und in der Kindererziehung übernahmen, tendiert die heutige Gesellschaft zu vielen Kleinstfamilien und Singlehaushalten, wobei Familien oft berufsbedingt in ganz Deutschland und dem benachbarten Ausland verstreut leben und sich nur zu besonderen Anlässen treffen und sehen können.

In einer Stadt, selbst in einer Kleinstadt, besteht in der Regel, wenn man von der sog. Kerngemeinde einmal absieht, nur sehr wenig oder oft gar kein persönlicher Kontakt mehr zwischen der Pfarrerin oder dem Pfarrer der Kirchengemeinde und der Mehrzahl der Menschen, die zwar zur Gemeinde gehören, aber keine persönliche Beziehung zu ihr und den Mitarbeiterinnen und Mitarbeitern haben und pflegen. Dies ist oft auch der Größe der Gemeinden und der immer weiter zunehmenden Arbeitsbelastung im Pfarramt geschuldet, weil seelsorgerliche Kontakte und Besuche zu besonderen Anlässen durch die Pfarrerinnen und Pfarrer gar nicht mehr oder nur noch sehr bedingt geleistet werden können.

Hinzu kommt die hohe Fluktuationsrate, denn viele Menschen müssen des Berufes wegen öfter umziehen und den Wohnort wechseln und können so gar nicht heimisch werden und soziale Kontakte zu ihrem Umfeld aufbauen.

Ganz anders ist dagegen (noch) die Situation im ländlichen Raum[1]: Hier leben sehr oft ganze Familien, wenn auch nicht in einem Haus, so doch in unmittelbarer Nachbarschaft zusammen und können sich öfter sehen und umeinander kümmern. Auch die Beziehungen zu den Nachbarinnen und Nachbarn spielen eine große Rolle. Ebenso ist der persönliche Kontakt zur Kirchengemeinde und der Pfarrerin oder dem Pfarrer den Menschen auf dem Dorf noch wichtig. Gerade in intakten ländlichen Räumen und Strukturen, wie im oberhessischen Raum, besitzt die evangelische Kirche, zumeist vertreten durch die Ortspfarrerin oder den Ortspfarrer, noch ein hohes gesellschaftliches Ansehen und ist vielerorts ein wichtiger Bestandteil des Dorf- und Gemeindelebens. Zu Dorf- und Vereinsfesten wird selbstverständlich die Pfarrerin oder der Pfarrer eingeladen, oft werden sie auch - neben einem Grußwort - um eine Andacht oder einen Gottesdienst gebeten. Andachten und Gottesdienste dieser Art, die zumeist eben nicht in der Kirche, sondern in der Turnhalle, im Dorfgemeinschaftshaus oder im Festzelt stattfinden, sind Gottesdienste in einer ganz besonderen Situation. Gerade die Nichtkirchenmitglieder werden auf das Erscheinungsbild der Kirche (hier vertreten durch die Ortspfarrerin bzw. den Ortspfarrer) besonders achten.

In der Vergangenheit haben sich viele Pfarrkolleginnen und -kollegen geweigert, solche besonderen Gottesdienste mit der Dorfgemeinschaft zu feiern bzw. haben auf entsprechende Anfragen ablehnend reagiert. Mit diesem Ver-

---

[1] Die Ausführungen dieser Arbeit beziehen sich ausschließlich auf eigene Erfahrungen und Beobachtungen im ländlichen oberhessischen Raum. In anderen ländlichen Räumen mag es Abweichungen von dieser Praxis und den genannten Beobachtungen geben.

halten haben sie - so berechtigt ihre Argumente auch sein mochten – viel Sympathie und Akzeptanz verspielt, und es ist für Nachfolgerinnen und Nachfolger, die solchen Anfragen offen und mit Neugier und Interesse entgegentreten, oft sehr schwer, das in der Vergangenheit Versäumte und Vertane wiedergutzumachen. Wenn Menschen sich erst einmal enttäuscht und verbittert zurückgezogen haben, ist es sehr schwer, sie wieder zu erreichen und davon zu überzeugen, dass die Kirche und ihre Repräsentanten auch ganz anders agieren können.

Kommt die Kirche zu den Menschen, kommen die Menschen auch wieder zur Kirche. Auch hier lassen sich persönliche Erfahrungen anführen: Wenn die Pfarrerin oder KV-Mitglieder Vereinsfeste und Jubiläumsfeiern im Dorf besuchen, kommen die Mitglieder der Vereine (die in der Regel auch Gemeindeglieder sind) auch gerne wieder einmal in den Gottesdienst oder besuchen mit ihren Familien das nächste Gemeindefest. Hier können auf ganz einfache Weise neue Beziehungen und Kontakte aufgebaut und intensiviert werden.

Das oben Ausgeführte gilt auch für den Umgang mit Sterben, Tod und Trauer in einer oberhessischen Dorfgemeinschaft. Hier werden die Pfarrerinnen und Pfarrer, weil man sich kennt, in der Regel persönlich von den Angehörigen informiert und nicht erst, wie es in der Stadt oft der Fall ist, nach einer Woche vom Bestatter angerufen, wenn der Termin für die anstehende Urnenbeisetzung vereinbart werden soll. Oftmals haben die Pfarrerinnen und Pfarrer die verstorbene Person und deren Angehörige auch schon im Vorfeld seelsorgerlich begleitet. Fast in allen Fällen haben die Angehörigen dann einen ganz besonderen Wunsch: Sie bitten die Pfarrerin oder den Pfarrer um eine Aussegnungsfeier, möglichst noch am Abend des Sterbetages, zu der sich dann die Familie und die engsten Nachbarn und Freunde am Sarg versammeln[2].

---

[2] Es ist in letzter Zeit vermehrt zu beobachten, dass gerade in Krankenhäusern, diakonischen und sozialen Einrichtungen für das pflegende Personal und die Hinterbliebenen oft eine kleine Abschiedsfeier am Sterbebett oder in einem Extra-Raum stattfinden kann, wenn diese gewünscht

Doch was hat es mit der Aussegnung auf sich? Gerade im ländlichen hessischen Raum ist sie noch sehr wichtig, und es steht eine lange Tradition dahinter. In den Städten wird sie dagegen nur noch selten oder gar nicht mehr praktiziert oder gewünscht, und oft reagieren Pfarrerinnen und Pfarrer, die in den Großstädten tätig sind, sogar mit völliger Unwissenheit und Unkenntnis, wenn sie auf Aussegnungen angesprochen werden: „Aussegnung – was ist das?“

Viele Pfarrerinnen und Pfarrer sehen sich immer wieder mit der Frage konfrontiert: Was tue ich hier eigentlich? Was ist meine Rolle? Ist es zulässig, eine verstorbene Person, einen Leichnam zu segnen? Oder ist die Aussegnung – im reformatorischen Sinne und als klare Gegenposition zur römisch-katholischen Praxis betrachtet – nur eine seelsorgerliche Handlung für die Hinterbliebenen, weil man für das Seelenheil des Verstorbenen nichts mehr tun kann und darf? Dann hätte jeder direkte liturgische Bezug zum Leichnam zu unterbleiben[3].

In dieser Frage gibt es verschiedene Standpunkte, die im Folgenden näher betrachtet und erläutert werden sollen; sie mögen allen, die sich mit dem Themenkomplex „Aussegnung“ befassen, helfen, eine eigene Position zu finden und das eigene Rollenverständnis zu reflektieren. Die Betrachtung verschiedener aktueller agendarischer Aussegnungsliturgien mag auch als Anregung für die Erstellung eigener Formulare dienen.

Die zu diesem Thema existierende Literatur ist sehr überschaubar: Meines Wissens gibt es aus neuerer Zeit nur die von Ernst Nestele verfasste und 1999 erschiene Monographie *Die Aussegnung Verstorbener. Liturgische Fei-*

---

wird. Dafür sind dann meist die Seelsorgerinnen und Seelsorger, die in dieser Einrichtung tätig sind, zuständig.

[3] Diese Fragestellung wurde unter den Kolleginnen und Kollegen meines Pfarrkonvents mit dem Propst erörtert und diskutiert. Dabei wurde deutlich, dass zu dieser Problematik einiger Klärungsbedarf vorhanden ist.

er unter seelsorgerlichem Aspekt, die sehr gut und gelungen über das Thema Aussegnung unter den genannten Gesichtspunkten informiert. Sie ist, wie Nestele im Vorwort schreibt, eine geringfügig überarbeitete und erweiterte Fassung seiner 1995 verfassten Hausarbeit zum II. Theologischen Examen.

Nestele gelingt es in seiner Argumentation und Darstellung überzeugend, die Aussegnung als eine „liturgische Feier unter seelsorgerlichem Aspekt" zu betrachten und die Segenshandlung an dem Verstorben dabei hervorzuheben. Dass seine Position nicht unumstritten ist, zeigt bereits das Geleitwort von Manfred Seitz, der von 1972 bis 1994 als Professor für Praktische Theologie an der Universität Erlangen wirkte.

Seitz beschreibt darin zunächst anhand eines Beispiels aus Stuttgart die Problematik, dass die Aussegnung oft gar nicht bekannt sei, und lobt, dass Nestele als junger Pfarrer sich dieser Problematik angenommen habe. Dann fährt Seitz fort:

Er tut es theologisch sorgfältig, geschichtlich bewandert, pastoral hilfreich und seelsorgerlich sensibel. Zwar erweitert er den Begriff der Aussegnung über den „Dienst im Sterbe- und Trauerhaus" hinaus in Richtung „benediktionaler Akt im Kontext einer öffentlichen liturgischen Feier", auf den er nun auch den im nicht-öffentlichen Bereich der Seelsorge beheimateten Begriff des „Valet-Segens" anwendet. Darüber kann man verschiedener Meinung sein. Aber er trägt durch seine Studien dazu bei, das kirchliche Begräbnis vom reinen Verkündigungsgeschehen, das sich hauptsächlich auf die Angehörigen und die Gemeinde bezieht, wieder – wie die anderen Kasualien – als Segenshandlung an einem Menschen (Benediktion) zu verstehen. In diesem Fall als eine Segenshandlung an einem verstorbenen Glied der Gemeinde, das an der Stelle, an der es verschwindet, dem lebendigen Gott übergeben wird[4].

---

[4] Nestele, S. 7.

Nesteles Buch ist in drei große Hauptkapitel gegliedert: Im ersten Kapitel beleuchtet er den liturgiegeschichtlichen Rahmen im ökumenischen Kontext, im zweiten Kapitel präsentiert er die praktisch-theologische Debatte zum richtigen Verständnis des Segens, worin auch die Auseinandersetzung um die sog. Ganztodthese thematisiert wird. Das dritte Kapitel stellt schließlich den seelsorgerlichen Aspekt der Aussegnung in den Mittelpunkt und wird mit einer umfangreichen Aussegnungsliturgie abgeschlossen.

Auf den ersten Blick könnte auch Dominik Daschners 2008 erschienenes Buch mit dem Titel *Mögen Engel dich geleiten. Die Aussegnung – Liturgie und Kurzansprachen* ein zum Thema passendes Buch sein. Allerdings verrät bereits der Titel Anklänge an die katholische Aussegnungstradition, und ein genauerer Blick in das Buch bestätigt die erste Vermutung: Es ist ein katholisches Aussegnungsbuch. Aber es ist auch für evangelische Pfarrerinnen und Pfarrer absolut empfehlenswert! Zunächst bietet Daschner eine ausführliche Abhandlung über die katholische Aussegnungsfeier, den Ritus und die geschichtlichen Hintergründe. Für die evangelische Praxis unbedingt zu empfehlen sind dann die nach verschiedenen Themen angebotenen und geordneten Kurzansprachen. Aus meiner eigenen Praxis weiß ich, wie wichtig es bei einer Aussegnung oft ist, neben der Liturgie auch noch ein paar persönliche Worte in Verbindung mit einem Bibelvers an die Angehörigen zu richten. Hier ist Daschners Buch eine gute Hilfe und bietet mancherlei Anregung.

Als drittes und letztes zum Thema Aussegnung passendes Buch möchte ich das 2012 in dritter Auflage erschienene Werk von Ida Lamp und Karolin Küpper-Popp erwähnen. Es trägt den Titel *Abschied nehmen am Totenbett. Rituale und Hilfen für die Praxis.*

Die beiden Autorinnen haben, angeregt durch ihre Arbeit im Hospizbereich, eine Arbeitshilfe für all die Menschen erstellt, die in privaten und öffentlichen Räumen Sterbende begleiten. Ihnen geht es vor allem um eine würdevolle und der Situation angemessene Gestaltung des Abschiedes von einem verstorbenen Menschen. Anhand zahlreicher Textbeispiele, Rituale und Gebete bieten sie eine an allen Sterbeorten einsetzbare Praxishilfe an, die aber vor allem für soziale Einrichtungen und die Hospizarbeit gedacht sind.

Das Buch ist untergliedert in einen Theorieteil zu den Themen Hinführungen und Verabschiedung, und einen Praxisteil mit Ritualen, biblischen Texten, Texten aus der Literatur, Gebeten, Psalmen und Segenstexten. Der Anhang bietet noch praktische Hilfen und Tipps zur Aufbahrung, zu Abschiedsritualen und Dokumentationen.

Die neueren Agenden verschiedener Landeskirchen und landeskirchlicher Zusammenschlüsse auf EKD-Ebene (z.B. VELKD und UEK) bieten zum Thema Aussegnung neben entsprechend ausgeführten Liturgievorschlägen auch spezielle Einführungen und Praxishilfen an. Damit wird sich das Kapitel „Ein exemplarischer Blick in neuere Agenden“ (S.29ff.) ausführlich beschäftigen.

In den vorausgehenden Kapiteln sollen die Leserinnen und Leser zunächst über die Diskussion zur Problematik der Segnung Verstorbener, den Begriff „Aussegnung“, ihre geschichtliche Entwicklung und den sog. „Valetsegen“ informiert werden.

Zur Diskussion: Können und dürfen wir Tote segnen?

Bei der Internetrecherche nach Literatur zum Thema Aussegnung stieß ich auf eine von Frau Prof. Sabine Bobert, Universität Kiel, anonym ins Netz gestellte Hauptseminararbeit zum Thema Krankensegnung. Der Verfasser hat der Aussegnung hierin ein eigenes Kapitel gewidmet und bezieht sich in seinen Ausführungen auf Ernst Nestele Buch *Die Aussegnung Verstorbener.*

Unter „4.2.: Können Tote gesegnet werden?“ bietet der Verfasser eine, wie ich finde, sehr gelungene Anregung zur Diskussion, die ich den Leserinnen und Lesern nicht vorenthalten möchte und der ich mich persönlich anschließe (die beiden Fußnoten wurden der Einfachheit halber in den Text integriert):

Bevor eine Liturgie der Aussegnung entworfen werden kann, muss zunächst die Frage beantwortet werden, ob Verstorbene überhaupt gesegnet werden können. Es gilt also zu überprüfen, ob das Todesverständnis, welches die Aussegnung impliziert, theologisch zu verantworten ist. Zwei konträre Positionen wurden bereits zu diesem Sachverhalt formuliert - diese werden nun bündig dargestellt, um anschließend ein persönliches Fazit abzugeben. Die erste Position stammt aus der Linie von Theologen wie Karl Barth, Carl Stange, Paul Althaus und Werner Elert, die eine totale Diskontinuität in der sogenannten Ganztodtheorie entfalten. Diese Theorie basiert auf der Vorstellung, dass der Mensch nach alttestamentlich-biblischer Anthropologie nur als leiblich-seelische Einheit existieren kann, d.h. der Leib und die Seele des Menschen befinden sich in einer Art Symbiose, deren Auflösung zum Tod beider Elemente führen muss. Auch die Harmatologie dieser Ganztodtheorie kann eine vom Leibe getrennte Seele nicht als lebendig bezeichnen, da der radikale Tod die Folge der Sünde ist (vgl. Röm. 6,23). Unter soteriologischen Gesichtspunkten bedeutet dies, dass der ganzheitliche Tod des Menschen die Voraussetzung für die ganzheitliche Auferweckung am Jüngsten Tag ist, an dem der verstorbene Mensch als creatio ex nihilo zum Leben auferweckt wird. Dadurch soll nicht zuletzt die Bedeutung des Jüngsten Tages hervorgehoben und das Kommen zu Christus durch den individuellen Tod aufgehoben werden, denn ein Zwischenzustand wird konsequent ausgeschlossen. Nach der Ganztodtheorie fallen individueller Todeszeitpunkt eines Menschen und das kollektive Jüngste Gericht aller Menschen erlebnishaft aufeinander. Nach dieser Theorie kann daher kein Ort der Toten benannt werden, sondern nur auf den Zeitpunkt des Jüngsten Tages verwiesen werden.

Die zweite Position kann mit Ernst Nestele als „der Anbruch des Neuen im Alten" bezeichnet werden, der die Kritik von Albrecht Peters und Siegfried Kettling an der Ganztodtheorie aufnimmt. Kettling zeigt auf, dass viele Bibelstellen von der Ganztodtheorie ignoriert werden, da sie nicht mit ihr kompatibel sind: Mt.10,28; Lk.16,19-31; 23,43.46; Apg. 7,59; 1. Petr. 3,19; 4,6; Apk. 6,9.10.

Ein gewichtiges Argument gegen die Ganztodtheorie bildet Luthers Erkenntnis aus seinen Anfechtungen. Hölle und Tod greifen dort bereits in das Erdenleben des Menschen ein, so dass es eine Dimension des Todes gibt, die bereits den physisch lebendigen Menschen treffen kann. Ebenso kann das ewige Leben verborgen mit der Taufe schon hier und jetzt beginnen und durchbricht somit die Endgültigkeit und Ganzheit des Todes (media morte in vita sumus). Bei der positiven Seite spielt das christliche Taufverständnis eine entscheidende Rolle. Nach Röm. 6,4.3-11 verbinden sich die Getauften mit dem Geschick Christi, so dass sein Tod am Kreuz ihr Tod ist und sie ebenso an seiner Auferstehung partizipieren. Die Getauften leben daher nicht mehr auf den Tod zu, sondern leben als neue Schöpfung (2. Kor. 5,17) von ihrem Tod her. Luther formulierte die Spannung zwischen dem Beginn einer neuen Existenz im Vorletzten und deren Vollendung im Letzten (am Jüngsten Tag) mit dem Satz, der Christ sei Sünder und Gerechter zugleich (simul iustus et peccator). Einige christliche Traditionen haben an der Weiterexistenz Verstorbener festgehalten und verschiedene Vorstellungen dieser postmortalen Existenz hervorgebracht. Die Gegner der Ganztodtheorie wenden also bzgl. des Segens ein, dass der in der Taufe begründete neue Mensch beim Eintritt seines physischen Todes nicht ins Nichts verschwindet, sondern weiterexistiert - er ist. Entscheidend beim Empfang des Segens ist, ob der Verstorbene zum Herrn gehört.

Nach dieser Darstellung der beiden Positionen ist ein Fazit zu ziehen: Ernst Nestele stellt m.E. überzeugend die Kritik an der Ganztodtheorie heraus, der ich mich vollkommen anschließen kann und somit seiner Linie folge. Insbesondere dass die

Vertreter der Ganztodtheorie viele Bibelstellen in ihrem Konzept nicht wahrnehmen und die Tatsache, dass sowohl in der jüdischen als auch in der christlichen Tradition Lehren von einer postmortalen Existenz des Menschen auf Schriftgrund gebildet und geglaubt wurden, sprechen m.E. deutlich gegen den Absolutheitsanspruch der Ganztodtheorie. Auch im AT lassen sich m.E. Vorstellungen finden, die gegen die angeführte alttestamentlich-biblische Anthropologie der Ganztodtheorie sprechen. So verbietet z.B. Dtn. 18, 10-11 Kontakt mit Toten aufzunehmen, der nach 1. Sam. 33 28,3-25 sogar praktisch vollzogen wird, und auch Ps. 139,8 spricht davon, dass der Mensch vor Gott auch nicht zu den Toten fliehen kann.18 Weitere alttestamentliche Bibelstellen, die vom Totenreich sprechen: 2. Sam. 22,6; Hi. 14,13; 26,6; Ps. 18,6; 116,3; Spr. 1,12; 5,5; 7,27; 30,16; Hld. 8,6; Jes. 5,14; 14,9; 28,15.18; 38,10; 57,9; Hos. 13,14.

Der Segen als Schwellenritus bezieht sich immer auf das Geschehen jenseits der Schwelle, so dass eine Aussegnung als Geleitsegen des Verstorbenen in seine neue Existenz sinnvoll und theologisch verantwortbar ist. Dabei wird offengelassen, ob diese neue Existenzform schon vollendetet ist oder erst am Jüngsten Tag zur Vollendung gebracht wird[5].

---

[5] www.uni-Kiel.de/prof-bobert-projekte/Rituale/die Salbung Kranker und Sterbender sowie die Aussegnung Verstorbener. Hauptseminararbeit, S.30ff..

Zum Begriff der Aussegnung

Der Begriff „Aussegnung“ kann im deutschen Sprachgebrauch und auch konfessionell sehr unterschiedlich gebraucht werden. In früheren Zeiten - und regional verschieden - konnte mit dem, was wir „Aussegnung“ nennen, auch der Begriff „Einsegnung“ verbunden sein[6]. In der römisch-katholischen Kirche kann die „Verabschiedung“ im Sterbehaus vor der Überführung des Toten zur Aufbahrung auch „Aussegnung“ genannt werden, und die Segnung der Mutter nach der Geburt ihres Kindes konnte regional ebenso als „Aussegnung“ bezeichnet werden. Für unsere vorliegende Betrachtung und die nachfolgenden Ausführungen sind aber nur das evangelische Verständnis und die protestantische Begriffsdefinition maßgeblich.

Die Aussegnung bezeichnet in der evangelischen Tradition eine kurze Andacht mit einer eigenen, relativ festen liturgischen Abfolge, meist im Sterbehaus, zu der sich die Angehörigen und enge Freunde und Nachbarn des Verstorbenen versammeln. Dazu läuten die Kirchenglocken. Bevor der Leichnam das Haus bzw. den Hof verlässt, wird dem Verstorbenen in der Regel der Valet- bzw. Abschiedssegen zugesprochen. Diese kleine Feier wird normalerweise vom Gemeindepfarrer bzw. der Gemeindepfarrerin geleitet, könnte aber auch von jedem anderen Gemeindeglied übernommen werden.

Betrachtet man die geschichtliche Entwicklung des christlichen Leichenbegräbnisses, wird deutlich, dass die Aussegnung ursprünglich der erste von drei zeitlich eng aufeinanderfolgenden Teilen der evangelischen Bestattung war, wie es der Aufbau mancher Agenden noch immer verdeutlicht: 1. Aussegnung, 2. Begräbnis und 3. Trauerpredigt /-feier (wobei die Teile zwei und drei auch in der Reihenfolge vertauscht sein konnten und können). Es mussten, so schreiben es verschiedene alte Kirchenordnungen und Agenden dieser Zeit vor, zwischen dem Sterben und dem Verlassen des Sterbehauses

---

[6] Vgl. Grethlein, Art. „Einsegnung“, in *RGG*[4], Sp. 1174.

zwölf Stunden liegen, auch um einem möglichen Scheintod vorzubeugen[7]. Dann begann man mit der Feier im Sterbehaus und zog unter Gesang zum Friedhof.

Heute hingegen ist die Aussegnung zeitlich und manchmal auch räumlich deutlich von Trauerfeier und Beisetzung getrennt, je nachdem, wo sich die verstorbene Person zuletzt aufgehalten hat. Gerade im Blick auf eine bevorstehende Kremation bietet die Aussegnung den versammelten Angehörigen und den Freunden und Nachbarn die Möglichkeit des Abschieds am (offenen) Sarg vor dem Abtransport zum Krematorium; dies geschieht oft noch am Abend des Sterbetages, spätestens im Laufe des nächsten Tages. Findet eine Erdbestattung statt, gibt es in meinen beiden und den meisten Nachbardörfern noch heute - unter Glockengeläut - den gemeinsamen Trauerzug vom Sterbehaus zum Friedhof. Die Reihenfolge liegt dabei fest: Der Pfarrer bzw. die Pfarrerin führt den Zug an, es folgen die Sargträger (auch heute noch sehr oft die Nachbarn) mit dem Sarg und dann die Angehörigen. Aus organisatorischen Gründen kann die Aussegnungsfeier aber auch gleich in der Leichenhalle auf dem Friedhof stattfinden, dann entfällt die Trauerprozession durch das Dorf. In meiner Praxis habe ich auch schon Trauerfälle begleitet, bei denen die Angehörigen darauf bestanden haben, dass der im Krankenhaus Verstorbene vom Bestatter noch einmal nach Hause gebracht wurde, damit dort mit den Freunden und Nachbarn eine Aussegnungsfeier durchgeführt werden konnte.

In Krankenhäusern, Hospizen oder Altersheimen findet die Aussegnungsfeier oft zeitnah im Sterbezimmer statt, ist aber auch in einem dafür hergerichteten Aufbahrungsraum möglich. Gerade wenn sich die verstorbene Person länger in der entsprechenden Einrichtung aufgehalten oder dort gelebt hat, ist es auch für die Mitbewohner und das Pflegepersonal wichtig geworden, auf diese Weise Abschied nehmen zu können.

---

[7] Vgl. O. Jordahn: „Sterbebegleitung und Begräbnis in reformatorischen Kirchenordnungen", S. 47.

Zur Geschichte der Aussegnung

Seit frühchristlicher Zeit war die Bestattung (und auch deren Organisation) Aufgabe der christlichen Gemeinde und galt als Werk der Barmherzigkeit[8]. Seit dem 4. nachchristlichen Jahrhundert praktizierte man das Gebet bei der Leiche, das zumeist ein Psalmtext war. Im Mittelalter entwickelten sich daraus die sog. Ex(s)equien[9]. Diese bestanden aus der Aussegnung im Trauerhaus, der Überführung des Leichnams zum Friedhof, dem Totenoffizium, der Totenmesse, bei besonderen Personen einer Leichenrede, der Absolution und schließlich der Grablegung und Beisetzung des Leichnams, immer unter der Verwendung von Weihwasser. Nach festgelegten Zeiten und Abständen fanden Totengedächtnisse statt. Bei dieser Praxis standen der Tote und die Sorge um sein Seelenheil im Mittelpunkt der priesterlichen Handlungen und des gesamten Geschehens.

Die reformatorische Bewegung lehnte strikt jegliche Beteiligung und Mitwirkung der Lebenden am Seelenheil des Verstorbenen ab und verwarf die römisch-katholische Bestattungspraxis. Stattdessen erlangte die Leichenpredigt bzw. Leichenrede zentrale Bedeutung. Diese konnte, je nach örtlicher Gegebenheit und Praxis, entweder im Sterbehaus, in der Kirche oder am Grab durch den Geistlichen gehalten werden. War sie zunächst biblischer Trost und Mahnung für die Hinterbliebenen, sich ihrer eigenen Vergänglichkeit und ihres christlichen Lebenswandels bewusst zu werden, so entwickelte sie sich

---

[8] Eine ausführliche Darstellung, auch im Blick auf die orthodoxe Tradition, bietet Nestele im ersten Kapitel seiner 1999 erschienen Monographie *Die Aussegnung Verstorbener...* unter der Überschrift: „Der liturgiegeschichtliche Rahmen: Segenshandlungen an Verstorbenen in der kirchlichen Ökumene", S.15ff..

[9] Der Begriff (entweder Exsequien oder auch Exequien) leitet sich vom lateinischen Begriff *exsequi* „hinausgeleiten, aussegnen" ab und bezeichnet noch heute die gesamte römisch-katholische Beerdigungsliturgie. Im protestantischen Raum dürfte der Begriff zumindest durch Heinrich Schütz´ *Musikalische Exequien* (SWV 279–281, op. 7) bekannt sein. Sie sind ein geistliches musikalisches Werk für Singstimmen und Basso continuo, die Schütz 1635/36 anlässlich des Todes seines Landesherren Heinrich Posthumus Reuß komponierte. Sie stellen ein protestantisches Gegenstück zu den lateinischen Exequien der katholischen Kirche dar. Vgl. dazu Ottfried Jordahn: „Ausgewählte Funeralkompositionen...", S. 550ff..

später zur Lobrede auf den Verstorbenen und rückte auch dessen Lebenslauf in den Fokus der Betrachtung[10].

Das Gebet für den Verstorbenen während der Bestattung (oder eben beim ersten Teil der Bestattungsfeier, der Aussegnung) wurde und wird noch heute z.T. kontrovers diskutiert und beurteilt. Die reformierte Tradition hat es gänzlich abgelehnt und verworfen, und zeitweise wurde sogar eine Mitwirkung kirchlicher Amtsträger bei der Bestattung unterlassen; Luther billigte es als Privatgebet im Haus[11]. Philipp Melanchthon bezog sich in der *Apologie zur Confessio Augustana* darauf entsprechend: „Wie wir wissen, haben die Alten vom Gebet für die Toten gesprochen, was wir nicht verbieten“[12]. In der sich entwickelnden Lutherischen Kirche wurde es unter Vorbehalt eingeräumt und zugelassen, wie der Blick in verschiedene Kirchenordnungen zeigt. Immer wieder taucht dabei auch die Formulierung auf, den bzw. die Verstorbene der Gnade Gottes anzubefehlen, wörtlich werden die Verstorbenen „der Gnade Gottes befohlen“, woraus sich, wie Nestele folgert, der heute nur noch im religiösen Kontext verwendete Begriff des „Anbefehlens“ herleite[13]. Eine andere und nicht minder wichtige Frage war und ist die nach der Segnung des Verstorbenen. Das folgende Kapitel wird sich damit ausführlich beschäftigen.

Einigkeit – trotz aller Kontroversen - bestand jedoch immer in einem Punkt: Alle Worte, Gebete, Segnungen und rituellen Handlungen waren und sind keine Hilfsmittel der Lebenden für das Seelenheil der Verstorbenen[14].

---

[10] Vgl. Köpf, Artikel „Bestattung“ in *RGG*[4], Sp. 1367f..

[11] Vgl. Nestele, S. 24. Aufschlussreich ist in diesem Zusammenhang auch der von Bruno Jordahn für das *EKL* 1956 verfasste Lexikonartikel „Begräbnis“. Dort schreibt er u.a.: „Die Reformation brach radikal mit dem Gedanken einer Einflußnahme auf das Schicksal des Toten und schaffte das Requiem ab. Das Gebet für die Toten wurde auf das Privatgebet eingeschränkt. Aber es wurde Wert auf die rechte Behandlung der Toten und die Teilnahme der Kirche gelegt. Der Tote wurde nach wie vor als Glied der Gemeinde angesehen, weshalb die Liturgie beide im Auge behielt“; Bruno Jordahn: Art. „Begräbnis“, in *EKL,* Sp. 353.

[12] Lateinisches Originalzitat und Quellennachweis bei Nestele, S. 24, Anmerkung 29, S. 68.

[13] Vgl. Nestele, S.25.

[14] Vgl. dazu Thümmel: Art. „Begräbnis“ in *RGG*[1], „sie sind nicht ‚adiutorium mortuorum‘, Sp. 1012.

Mit dieser reformatorischen Auffassung veränderte sich auch die Friedhofs- und Bestattungskultur, auf die im Folgenden ein kurzer geschichtlicher Blick geworfen werden soll[15].

Die Bestattung ihrer Verstorbenen war und ist ein allgemeines Grundbedürfnis der Menschheit, und archäologische Funde belegen, dass bereits vor Jahrtausenden in den verschiedensten Völkern und Kulturen kultische Bestattungshandlungen durchgeführt wurden. Zahlreiche Funde und zeitgenössische Quellen geben Aufschluss darüber, dass in der Vergangenheit die verschiedensten Formen und Praktiken von Bestattungsarten, oft nebeneinander, existierten. Dabei spielten stets die vier Elemente Erde, Wasser, Feuer und Luft eine besondere Rolle.

Die Erdbestattung, die in vielen Varianten existierte und existiert, dürfte vermutlich die älteste Form darstellen und lässt sich archäologisch sehr weit zurückverfolgen. Daneben gab es Formen der Wasserbestattung, beispielsweise im alten Tibet, wo man die Tradition praktizierte, Verstorbene in den Fluss zu werfen. Von den Wikingern ist überliefert, dass sie ihre besonders angesehenen Verstorbenen in kleinen Booten auf das Meer hinaustreiben ließen. Eine moderne Variante der Wasserbestattung ist die heute praktizierte Seebestattung. Dabei wird die Asche eines Verstorbenen in einer wasserlöslichen Urne, die logischerweise die Kremation voraussetzt, dem Meer übergeben.

Feuerbestattungen oder Kremationen wurden und werden in vielen Völkern und Kulturkreisen praktiziert. Dazu errichtete man Scheiterhaufen aus Holz, verstreute anschließend die Asche oder bewahrte sie in besonderen Gefäßen, den Urnen, auf. Im christlichen Abendland fand die Feuerbestattung durch das Edikt von Paderborn, das Karl der Große im Jahr 785 erlassen hatte, ein abruptes Ende. Erst in der Mitte des 19. und zu Beginn der 20.

---

[15] Wer sich darüber ausführlich und historisch und theologisch fundiert informieren möchte, sei auf Reiner Sörries Arbeit *Ruhe sanft. Eine Kulturgeschichte des Friedhofs* hingewiesen.

Jahrhunderts - nach kontroversen Diskussionen - sollte die Feuerbestattung in Deutschland und Europa wieder praktiziert und eingeführt werden. Heute ist sie, prozentual gesehen, die in Deutschland am häufigsten gewählte Bestattungsart und Ausgangspunkt für die meisten modernen Alternativen zur traditionellen Erdbestattung im Grab.

Die letzte Bestattungsform ist die sog. Luftbestattung. In früheren Zeiten wurden, z.B. im alten Orient, für uns heute grausam und nur sehr schwer vorstellbar, Tote auf Türmen den Vögeln zum Fraß überlassen. Eine heute mögliche Form der Luftbestattung ist das Verstreuen der Asche eines Verstorbenen aus einem Heißluftballon heraus, einem Hubschrauber oder einem Flugzeug oder das Ausstreuen der Asche auf einer sog. Streuwiese.

Noch zu erwähnen als Variante der genannten Bestattungsformen ist die Einbalsamierung und Mumifizierung von Leichen, wie sie beispielsweise im Alten Ägypten praktiziert wurde.

Dort entstanden außerhalb der Siedlungen erste Ruhestätten für die Verstorbenen. Zu den berühmtesten Begräbnisstätten der Antike gehört das Tal der Könige im ägyptischen Theben. Dort fanden bedeutende Pharaonen ihre letzte Ruhe. Ein solches Bestattungsfeld für die Toten war im alten Ägypten allerdings die Ausnahme. Friedhöfe und eine Begräbnisordnung im heutigen Sinne gab es nicht. Tote wurden auf dem eigenen Stück Land oder in der Wüste verscharrt. In den Hochkulturen Griechenlands und Roms entstanden außerhalb der Städte erste Totenstädte, sog. Nekropolen. Das waren Felder, auf denen man die Verstorbenen der Bürgerschicht in einfachen Gräbern beerdigte. Vereinzelt wurden dort aber auch angesehene Persönlichkeiten in aufwendig gestalteten Grabkammern beigesetzt.

In der Regel wurden prominente und reiche Bürger jedoch innerhalb der Stadtmauern, auf öffentlichen Plätzen und Märkten beigesetzt oder auch an Landstraßen. So entstanden in Rom entlang der berühmten Via Appia viele besondere Ehrengrabmale. Für Arme und Sklaven wurden oft ausgebeutete und leere Stein- und Tongruben zur letzten Ruhestätte. Ebenso praktizierte man in Rom sehr häufig die Feuerbestattung und bewahrte die Asche der Verstorbenen in besonderen Gefäßen oder Urnen auf. Für die Feuerbestattung wurden Scheiterhaufen verwendet. Das Begräbnis war in Rom Angelegenheit der Familie.

Mit der Entstehung und Verbreitung des Christentums änderte sich die Begräbniskultur im Römischen Reich. Nicht nur im Leben, auch im Tod wollten die Christen als Gemeinschaft vereint auf die Auferstehung am Jüngsten Tag warten. Die christliche Gemeinde übernahm die Aufgaben der Familie und organisierte das Begräbnis ihrer verstorbenen Mitglieder. Aus diesem Grund entstanden gemeinschaftliche Grabstätten, die sich bis in das 4. Jahrhundert hinein meist in Katakomben, also unterirdischen Grabkammern, befanden, in denen man die Toten zu ihrer letzten Ruhe bestattete. Das frühe Christentum übernahm aus der jüdischen Tradition - und in Anlehnung an die Bestattung Jesu in einem Felsengrab - die Erdbestattung als Bestattungsform. Die Feuerbestattung wurde als heidnischer Brauch abgelehnt und im 8. Jahrhundert, wie oben bereits erwähnt, durch Karl den Großen unter Androhung der Todesstrafe verboten.

Nachdem das Christentum durch die Anerkennung des römischen Kaisers Konstantin zur Römischen Staatsreligion erhoben worden war, entstanden überall im Reich und in den neu hinzukommenden Gebieten viele Kirchen. Um sie herum wurden umfriedete Grabstätten, die sog. Kirchhöfe, angelegt. Damit sollte einerseits die besondere Nähe zu Gott zum Ausdruck kommen, andererseits enthielten alle Altäre in den Kirchen die Reliquien verstorbener Heiliger. Diesen im Tod besonders nah zu sein, war das Ziel aller Menschen und galt als Voraussetzung für die Erlangung des eigenen Seelenheils. Hohen kirchlichen Würdenträgern, aber auch weltlichen Regenten gewährte man deshalb sogar das Recht, innerhalb der Kirchen, sehr oft in besonders dafür angelegten Grüften, begraben zu werden und dadurch noch einmal den Reliquien ganz besonders nahe zu sein. Menschen, die zu Lebzeiten aus der christlichen Gemeinschaft ausgeschlossen worden waren, oder Selbstmörder durften nicht in der geweihten Erde des Kirchhofs bestattet werden und hatten dadurch auch ihr Seelenheil verwirkt.

Doch im Mittelalter wurden, da die Bevölkerung besonders in den Städten stetig anwuchs, die Kirchhöfe bald zu klein. Zunächst half man sich damit, die Ruhefrist der Toten im Grab auf fünf bis sieben Jahre zu beschränken. Nach Ablauf dieser Frist wurden die Gebeine wieder ausgegraben, gesäubert und in sog. Beinhäusern aufbewahrt, wo Schädel und Knochen bis an die Decke gestapelt wurden. Auch mit Massengräbern, besonders bei Pestepidemien, versuchte man der Platznot Herr zu werden. Langsam wuchs, gerade durch die Erfahrungen mit der Pest, die Erkenntnis, dass es vor allem aus hygienischen Gründen nötig sein würde, Friedhöfe außerhalb der Stadtmauern anzulegen.

Begünstigt wurde diese Sichtweise schließlich durch die Verbreitung des reformatorischen Gedankengutes. Wie oben bereits erwähnt, brachen die Reformatoren mit der überkommenen katholischen Begräbnistradition. Durch die Verwerfung des Reliquien- und Heiligenkultes und der alleinigen Konzentration auf das Heilswirken Jesu Christi wurde auch die räumliche Nähe der Verstorbenen zu den Reliquien in den Altären der Kirchen auf den Kirchhöfen ad absurdum geführt. Allein der Glaube und, damit verbunden, der christliche Lebenswandel hatten Auswirkung auf das Seelenheil als Verstorbener. Deshalb konnten und sollten die Verstorbenen nach dem Willen der reformatorischen Kirchenoberen nun auch außerhalb der Städte und fernab der Kirchen bestattet werden. So entstanden, zunächst nur in protestantischen Gebieten, später auch in katholischen Gegenden, neue Friedhöfe fernab der Innenstädte.

Mit der Aufklärung begann vielerorts die Verstaatlichung der bisher in kirchlicher Trägerschaft befindlichen Friedhöfe. Dem ästhetischen Zeitgeschmack entsprechend, wurden Friedhöfe zu großen Parkanlagen umgestaltet bzw. neue Friedhöfe gleich entsprechend angelegt.

Eine ganz neue und besondere Herausforderung für die Friedhofs- und Bestattungskultur des ausgehenden 19. und beginnenden 20. Jahrhunderts und besonders auch für die Begleitung Verstorbener und ihrer Angehörigen durch die christlichen Kirchen brachte die Diskussion um die (Wieder-)Einführung der Feuerbestattung mit sich. Ist sie heute fast zum Regelfall geworden, war sie vor 120 Jahren ein ganz besonderer Streitpunkt.

Seit Mitte des 19. Jahrhunderts verstärkte sich die Forderung nach einer Feuerbestattung aus mehreren Gründen: Die Ärzteschaft lobte die Feuerbestattung als die hygienischere Bestattungsform, die Arbeiterverbände und die aufkeimende Sozialdemokratie sahen hier eine kostengünstigere Bestattungsart, und die sich ausbreitenden areligiösen Verbände wie die Freidenker propagierten die Feuerbestattung gezielt, auch in bewusster Abgrenzung zur christlichen Bestattungskultur, da das Konzept der Auferstehung von ihnen abgelehnt wurde. Das erste Krematorium in Deutschland wurde am 10. Dezember 1878 in Gotha eröffnet, das zweite 1891 in Heidelberg und das dritte1892 in Hamburg. Der kulturelle Wandel führte vielerorts zur Gründung sog. Feuerbestattungsvereine, die sich offen und gezielt für die Kremation einsetzten und oft eigene Zeitungen herausgaben[16].

Die evangelischen Kirchen[17] standen gegen Ende des 19. und zu Beginn des 20. Jahrhunderts der Feuerbestattung zunächst überwiegend ablehnend gegenüber. 1898 wurden dazu die sog. *Eisenacher Thesen* veröffentlicht, in de-

---

[16] Vgl. dazu ausführlich: Henning Winter: *Die Architektur der Krematorien im Deutschen Reich 1878-1918.*

[17] Vgl. dazu ausführlich: Axel Heike-Gmelin: *Kremation und Kirche. Die evangelische Resonanz auf die Einführung der Feuerbestattung im 19. Jahrhundert.*

nen man ganz bewusst die Feuerbestattung und vor allem die Beteiligung evangelischer Geistlicher an Feiern vor der Kremation ablehnte[18]. Allerdings war die Einführung jeweils Ländersache, und im Deutschen Reich gab es keine verbindliche einheitliche Position, weder im staatlichen noch im kirchlichen Bereich. So wurde in den deutschen Ländern nach und nach, besonders nach Bau und Inbetriebnahme von Krematorien, die Feuerbestattung zugelassen[19]. Sachsen-Coburg-Gotha (1877), Baden (1890) und Hamburg (1892) waren die ersten deutschen Länder, die die Feuerbestattung staatlich zuließen, was auch in direktem Zusammenhang mit der Errichtung der Krematorien stand. Das Großherzogtum Hessen führte im Sommer 1899 per Gesetz die Feuerbestattung ein, das erste Krematorium entstand in Offenbach und wurde im Dezember 1899 in Betrieb genommen[20]. Damit verbunden war auch das Kuriosum, dass die Frankfurter Bürger, da Frankfurt auf preußischem Territorium lag und Preußen erst 1911 die Feuerbestattung gesetzlich erlaubte, ihre Verstorbenen auf der anderen (hessischen) Mainseite in Offenbach zur Kremation überführen ließen. Als letztes Land im Deutschen Reich ließ Bayern 1912 die Feuerbestattung zu.

Jeweils mit der staatlichen Zulassung der Feuerbestattung setzte sich auch mehr und mehr eine tolerierende (wenn auch nicht fördernde) Haltung der evangelischen Kirchenleitungen durch. So findet sich im *Kirchenbuch für die Evangelische Kirche des Großherzogtums Hessen*, das 1904 als zweibändige Agende erschien, bereits ein Formular[21] zur seelsorgerlichen Begleitung des Geistlichen vor einer Kremation. Allerdings wird strikt darauf hingewiesen, dass „jede Beziehung auf die Form der Bestattung zu vermeiden sei".

---

[18] Vgl. Heike-Gmelin, S. 162ff..
[19] Vgl. Winter, S. 24f..
[20] Vgl. Winter, S.291ff..
[21] Vgl. *Kirchenbuch für die Evangelische Kirche des Großherzogtums Hessen, Zweiter Band*, S.106.

Auf katholischer Seite untersagte die Kongregation für die Glaubenslehre unter Papst Leo XIII. offiziell die Feuerbestattung. Am 15. Dezember 1886 wurde Katholiken die Feuerbestattung sowie die Zugehörigkeit zu Feuerbestattungsvereinen verboten. Für Katholiken, die letztwillig ihre Verbrennung verfügt hatten, durfte keine kirchliche Begräbnisfeier gehalten und sie durften auch nicht auf dem Kirchhof bestattet werden. Erst mit den Beschlüssen des Zweiten Vatikanischen Konzils 1963 hob man das Verbot der Feuerbestattung auf, wenngleich man weiterhin die Erdbestattung als die angemessenere Bestattungsform ansah und empfahl.

In der heutigen Zeit sehen sich die christlichen Kirchen mit neuen Herausforderungen in der Begräbnis- und Trauerkultur konfrontiert. Der Friedhof als alternativloser Bestattungsort gerät durch moderne und neue Begräbnisorte und -möglichkeiten immer mehr in Bedrängnis. Zu Beginn des 21. Jahrhunderts wurde in Deutschland die sog. „Waldbestattung“[22] erlaubt, die sich innerhalb weniger Jahre zu einer weit verbreiteten und akzeptierten Alternative zum Friedhof entwickelt hat. Der im Gebiet des Evangelischen Dekanats Grünberg liegende „RuheForst Vogelsberg/Laubach“[23] wurde seit seiner Eröffnung bereits mehrfach erweitert, und die Nachfrage steigt stetig an.

Gegenwärtig existieren knapp 20 verschiedene Bestattungsarten, wenngleich nicht alle in Deutschland gesetzlich erlaubt sind.[24] Hier wird es zukünftig gerade für kirchliche Begleitungen noch einigen Gesprächs- und Diskussionsbedarf geben, wobei auch die Aussegnung als Abschiedsritual vielerorts wieder eine wichtigere Rolle als bisher spielen könnte.

---

[22] Dazu existieren inzwischen verschiedene Konzepte, die sich hauptsächlich durch die regionale Verfügbarkeit, Preise und die Betreuung der Angehörigen unterscheiden. Neben den beiden Marktführern „FriedWald“ und „RuheForst“ gibt es noch weitere kleine Anbieter, in deren Wäldern eine Waldbestattung möglich ist.

[23] Vgl. http://www.vogelsberger-ruheforst.de/

[24] Vgl. dazu einen Blick auf die Internetseite von bestattungen.de, wo gegenwärtig 18 Bestattungsarten vorgestellt werden.

Die Segnung der Verstorbenen: Der Valetsegen

„Valet" ist vom lateinischen Abschiedsgruß „valete" abgeleitet und bedeutet übersetzt „lebt wohl".

Im Evangelischen Gesangbuch finden wir noch heute im Abschnitt „Sterben und Ewiges Leben" unter der Nr. 523 Valerius Herbergers Valet-Lied „Valet will ich dir geben". Es entstand unter dem Eindruck seiner Erfahrungen mit der Pest während seiner Amtszeit als Pfarrer in Fraustadt/Schlesien. Es trägt den Titel: „Ein andächtiges Gebet, damit die evangelische Bürgerschaft zu Fraustadt Anno 1613 im Herbst Gott dem Herrn das Herz erweicht hat, dass er seine scharfe Zuchtrute, unter welcher bei zweitausend Menschen sind schlafen gegangen, in Gnaden hat niedergelegt. Sowohl ein tröstlicher Gesang, darinnen ein frommes Herz dieser Welt Valet gibt"[25].

Zunächst scheint die Frage nach einer besonderen Segnung des Sterbenden bzw. des Leichnams für die reformatorische Bewegung keine Rolle gespielt zu haben. In Luthers Schriften, die sich auf die Vorbereitung zum Sterben und die kirchliche Begleitung Verstorbener beziehen, wird auf eine Segenshandlung nicht explizit eingegangen[26].

Direkt an Verstorbene gerichtete Segensformeln finden sich, wie Nestele unter Bezug auf Helmut Echternach schreibt, erst in den lutherischen Agenden des 16. Jahrhunderts, dennoch seien bereits in den ältesten kirchlichen Bestattungsordnungen benediktionale Akte, die ausdrücklich dem Verstorbenen galten, bekannt gewesen. Damit habe die evangelisch-lutherische Tradition nur das entfaltet, was die Kirche bereits seit frühester Zeit ausgeübt habe[27].

Bis in das 19. Jahrhundert hinein wurden, zumindest in Teilen des damaligen Deutschlands, an den Leichnam gerichtete Segnungen praktiziert und zu ei-

---

[25] Vgl. Christoph Albrecht: *Einführung in die Hymnologie*, S. 36f..
[26] Vgl. Nestele, S. 25.
[27] Vgl. Nestele, S.26.

ner Tradition ausgebildet, sei es im Haus, sei es am Grab oder in der Kirche, bevor sie dann als Problem empfunden und unter den führenden Theologen der Zeit unter liturgischen und dogmatischen Gesichtspunkten kontrovers diskutiert wurden[28]. In der Mitte des 20. Jahrhunderts keimte die Debatte erneut zwischen Helmut Echternach und Bruno Jordahn auf. Beide befürworteten die Segnung Verstorbener, allerdings unter ganz unterschiedlichen theologischen Sichtweisen[29]. In der Gegenwart gibt es, wie der ausführliche Blick in die verschiedenen Agenden noch zeigen wird, inzwischen sehr viele Möglichkeiten, eine Aussegnungsfeier mit Segnung des Verstorbenen und unter Verwendung des Valetsegens durchzuführen.

Gerade in den neueren evangelischen Agenden und Gesangbüchern wird der Valetsegen als Text für die Aussegnung Verstorbener empfohlen und abgedruckt, oft mit dem ausdrücklichen Hinweis, dass der Segenstext unter Handauflegung und zum Verstorbenen gerichtet zu sprechen sei. Sein Ursprung reicht bis in das 8. Jahrhundert zurück, dieser Hinweis findet sich dann oft in den Quellenangaben, doch der Name bzw. die Bezeichnung ist jüngeren Datums und im protestantischen Deutschland, seit Wilhelm Löhe ihn in seine Agende aufnahm[30], einem größeren Kreis bekannt geworden.

Oft findet man auch den Hinweis, dass der Valetsegen den Sterbenden zuzusprechen sei, worauf sich auch Bruno Jordahn in seinem für das *EKL* 1956 verfassten Lexikonartikel „Valetsegen“ bezieht. Dort schreibt er:

Der Begriff ist erst im 16. Jh. in die dt. Sprache hineingekommen, allgemein gebraucht für die Bereitung zum Sterben, da „vale dicere“ den Abschied zum Inhalt hat, hier besonders für die letzten Augenblicke. Die vorreformatorische Kirche kannte diese Handlung unter dem Titel *commendatio animae,* was ursprünglich

---

[28] Vgl. Nestele, S. 25 f., wo er sich auf die ausführlichen Schilderungen im *Lehrbuch der Praktischen Theologie* bei Ernst Christian Achelis bezieht; vgl. dazu auch Achelis, S. 522ff. und Heinz Graff, S. 359ff..
[29] Vgl. Nestele, S. 26f..
[30] Vgl. O. Jordahn: „Das Zeitalter der Restauration“, S. 95f..

nicht nur diesen Akt meinte, aber etwa seit dem 15. Jh. üblich wurde und bis heute so geblieben ist. Der V. bezieht sich dabei auf den letzten Teil *In exspiratione,* der aber eine ausgesprochene Segenshandlung nicht enthält, sondern aus Gebeten und einem Responsorium besteht. Der Ursprung dieser Gebete reicht bis ins 8. Jh. zurück. So auch das erste Gebet beim Eintritt der Agonie *Profiscere, anima christiana.* – Die ev. Kirchenordnungen bieten nur vereinzelt ein Formular, was nicht heißt, daß die Handlung selbst unbekannt war. Franz von Sachsen (Lübeck), Engern und Westfalen 1585 fügten eine Segensformel an, während Braunschweig 1657 wiederum nur Gebete hat. Löhe bietet ein Formular unter dem Titel "Einsegnung der Sterbenden", und zwar Gebete, darunter die Litanei, für die letzten Augenblicke das *Nunc dimittis* mit zwei anwünschenden Gebeten oder ein Segensgebet das *Profiscere* gekürzt mit aaronitischem Segen. Ähnlich dann die Agenden von Bayern, Württemberg u.a. – In der Gegenwart hat vor allem die *Handreichung für den seelsorgerlichen Dienst* (Hrsg. Luth. Liturgische Konferenz) den Titel V. wiederaufgenommen und eine Segenshandlung mit dem Kreuzzeichen angeboten. Der Sinn ist: den Gesegneten der göttlichen Verheißung zu vergewissern, nicht aber dem Urteil Gottes vorzugreifen[31].

Schauen wir abschließend auf die von Jordahn oben genannten „Commendatio animae", um den Ursprung des heute gebräuchlichen Valetsegens zu entdecken. Die nachfolgenden Ausführungen und Zitate sind dem Wikipedia-Artikel *Kirchliche Sterbegebete* entnommen:

Seit dem Mittelalter wurden die kirchlichen Sterbegebete als Commendatio animae („Empfehlung der Seele") bezeichnet. Es sind Gebete und Gesänge, die vor und nach dem Verscheiden am Sterbebett gesprochen oder gesungen und noch heute in der katholischen Liturgie verwendet werden. Sie befehlen die Seele des Sterbenden in Gottes Hände. Die erste bekannte liturgische Ordnung hierzu ist aus dem 7./8. Jahrhundert überliefert, die ältesten, heute noch benutzen Gebetstexte, stammen aus derselben Zeit: Unmittelbar vor Eintritt der Todes wird das von christ-

[31] Bruno Jordahn: Art. „Valetsegen", in *EKL,* Sp. 1605f..

licher Hoffnung geprägte „Profiscere, anima christiana“ gesprochen[32], nach dem Verscheiden wird das alte Responsorium *Subvenite sancti Dei* gesprochen oder gesungen[33]. Schließlich folgt nach Eintritt des Todes das Segensgebet, der Valetsegen:

„Es segne dich Gott, der Vater, der dich nach seinem Bild geschaffen hat.
Es segne dich Gott, der Sohn, der dich durch sein Leiden und Sterben erlöst hat.
Es segne dich Gott, der Heilige Geist, der dich zum ewigen Leben gerufen und geheiligt hat.
Gott, der Vater und der Sohn und der Heilige Geist, geleite dich durch das Dunkel des Todes in sein Licht. Er sei dir gnädig im Gericht und gebe dir Frieden und ewiges Leben.

Amen.“

---

[32] „Proficiscere, anima christiana, de hoc mundo, In nomine Dei Patris omnipotentis, qui te creavit, In nomine Iesu Christi Filii Dei vivi, qui pro te passus est, In nomine Spiritus Sancti, qui in te effusus est; Hodie sit in pace locus tuus et habitatio tua apud Deum in sancta Sion, cum sancta Dei Genitrice Virgine Maria, cum sancto Ioseph, et omnibus Angelis et Sanctis Dei. Ad auctorem tuum, qui te de limo terrae formavit, revertaris. Tibi itaque egredienti de hac vita sancta Maria, Angeli et omnes Sancti occurrant. [...] Redemptorem tuum facie ad faciem videas et contemplatione Dei potiaris in saecula saeculorum. Amen.“

Die deutsche Übersetzung lautet: „Brich auf, christliche Seele, von dieser Welt, im Namen Gottes, des allmächtigen Vaters, der dich erschaffen hat, im Namen Jesu Christi, des Sohnes des lebendigen Gottes, der für dich gelitten hat, im Namen des Heiligen Geistes, der über dich ausgegossen worden ist. Heute noch sei dir in Frieden deine Stätte bereitet, deine Wohnung bei Gott im heiligen Zion, mit der heiligen Jungfrau und Gottesmutter Maria, mit dem heiligen Josef und mit allen Engeln und Heiligen Gottes. Du kehrst zurück zu deinem Schöpfer, der dich aus dem Lehm der Erde gebildet hat. Mögen dir, wenn du dieses Leben verlässt, die heilige Maria, die Engel und alle Heiligen begegnen. Mögest du deinen Erlöser schauen von Angesicht zu Angesicht und dich der Erkenntnis Gottes erfreuen in Ewigkeit. Amen.“

[33] *Responsum:* „Subvenite sancti Dei, occurrite angeli Domini: suscipientes animam eius: offerentes eam in conspectu Altissimi.“ *Verse:* „Suscipiat te Christus qui vocavit te et in sinum Abrahae angeli deducant te. Requiem aeternam dona ei, Domine, et lux perpetua luceat ei.“

Die deutsche Übersetzung lautet: „Kommt herzu, ihr Heiligen Gottes, eilt ihm (ihr) entgegen, ihr Engel des Herrn, nehmt auf seine (ihre) Seele und führt sie hin vor das Antlitz des Allerhöchsten.“ *Verse:* „Christus nehme dich auf, der dich berufen hat, und in Abrahams Schoß sollen Engel dich geleiten. Herr, gib ihm/ihr die ewige Ruhe, und das ewige Licht leuchte ihm/ihr.“

Ein exemplarischer Blick in neuere Agenden

Welche Hilfe können uns derzeit gebräuchliche Agenden geben, welche Texte bieten sie uns an, und wie gehen ihre Verfasser und Herausgeber mit dem Thema Aussegnung und Valetsegen um? Anhand der Bestattungsagenden der EKHN, der EKKW und der Evangelischen Kirche in Württemberg soll dieser Fragestellung ausführlich nachgegangen werden. Ein Blick in die *Reformierte Liturgie*, die *Lutherische Bestattungsagende* und die *Bestattungsagende der UEK* beschließen dieses Kapitel.

EKHN

Zunächst ein Blick in die Bestattungsagende der EKHN. Im Jahr 1993 erschienen die *Schriftworte und liturgische[n] Texte (Teil IV) für den Bestattungsgottesdienst,* herausgegeben von der Kirchenverwaltung der EKHN. Erarbeitet wurden sie vom Liturgischen Arbeitskreis der EKHN.

Diese Agende ist auch im Internet abrufbar unter folgender Adresse: http://intern.ekhn.de/gemeinde/liturgie.html

Die *Schriftworte und liturgische[n] Texte (Teil IV) für den Bestattungsgottesdienst* enthalten eine fünfseitige Einführung, die jedoch nicht explizit auf die Aussegnung eingeht.

Die Agende bietet auf den Seiten 10-14 zunächst eine Übersicht von fünf Ordnungen an für:

- *die Andacht im Trauerhaus/auf dem Friedhof*
- *den Bestattungsgottesdienst in der Kapelle/Kirche und am Grab*
- *den Bestattungsgottesdienst auf dem Friedhof und in der Kirche*
- *den Trauergottesdienst (ohne Bestattung)*
- *die Urnenbeisetzung*

Anschließend werden auf den Seiten 15-85 Vorschläge für Andachten und Beispiele ausgeführter Bestattungsgottesdienste angeboten.

Im Blick auf die Aussegnung sind *2.1 Andacht im Trauerhaus/Aussegnung*, S. 15ff. und *2.2. Andacht im Trauerhaus/auf dem Friedhof,* S. 19ff. näher zu betrachten.

Die *Andacht im Trauerhaus/Aussegnung* benennt ausdrücklich den Kasus und bietet auch eine leicht veränderte Form des Valetsegens an. Der vorgeschlagene Ablauf ist wie folgt:

- **Votum**
  Im Namen des Vaters und des Sohnes und des Heiligen Geistes.
- **Eingangsspruch**
  Mt. 5, 4
- **Psalm**
  Ps. 121
- **Kyrie**
  Jesus Christus, du bist am Kreuz gestorben und hast unsere Schuld auf dich genommen. Herr, erbarme dich.
  Jesus Christus, du bist vom Tode auferstanden, damit auch wir nicht im Tode bleiben. Christus, erbarme dich.
  Jesus Christus, du bist in die Herrlichkeit Gottes eingegangen, um uns neues Leben zu schenken. Herr, erbarme dich.
- **Gloria**
  Röm. 8, 38-39
- **Aussegnung**
  (Zum Verstorbenen/zur Verstorbenen gewandt)
  Es segne dich Gott, der Vater,
  der uns geschaffen hat
  nach seinem Bild.

Es segne dich Gott, der Sohn,
der uns erlöst hat
von aller Schuld.
Es segne dich der Heilige Geist,
der uns zu neuem Leben führt.
Der dreieinige Gott,
der deinen Eingang gesegnet hat,
segne deinen Ausgang in Ewigkeit

- **Schriftlesung**
  Jer. 29, 11-14a
- **Persönliche Worte/Gespräch/Stille**
- **Gebet**
  Barmherziger und tröstender Gott, in deiner Liebe bist du uns nahe. Du führst uns auf allen unseren Wegen. Sei bei dieser Familie, die um den/die Verstorbene/n trauert. Tröste sie in ihrem Schmerz und gib ihnen Kraft für die Stunden und Tage, die kommen. Laß uns darauf vertrauen, daß auch der/die Verstorbene in deiner Liebe geborgen ist.
  Vaterunser...
- **Segen**
  Der Herr segne uns/euch und behüte uns/euch;
  der Herr lasse sein Angesicht leuchten über uns/euch
  und sei uns/euch gnädig;
  er erhebe sein Angesicht auf uns/euch
  und schenke uns/euch seinen Frieden.

Die *Andacht im Trauerhaus/auf dem Friedhof* ist eine verkürzte Form ohne Kyrie und Gloria und auch die eigentliche Aussegnung bzw. eine Form des Valetsegens fehlt. Ihr Ablauf wird wie folgt vorgeschlagen:

- **Votum**
  Im Namen des Vaters und des Sohnes und des Heiligen Geistes.

Unsere Hilfe kommt von dem Herrn, der Himmel und Erde gemacht hat.

- **Psalmgebet**

  Ps. 23, 1-4

- **Schriftwort**

  Joh. 11, 25-26

- **Gebet**

  Gott, zu dir kommen wir und klagen über den Tod von N.N.
  Wir sind traurig und können doch danken für gemeinsame Jahre.
  Wir stellen uns vor, was noch hätte sein können.
  Wir spüren, was uns geschenkt wurde.
  Vieles davon wird uns bleiben.
  Vieles wird uns fehlen.
  Aber wir gehen nicht verloren.
  Wir vertrauen auf dein Wort und auf deine Verheißung,
  daß du bei uns sein willst alle Tage.

- **Stilles Gebet**
- **Vater unser**
- **Segen**

  Es segne und behüte euch Gott, der Allmächtige und Barmherzige, Vater, Sohn und Heiliger Geist.

Im Anschluss folgen liturgische Texte zur Auswahl, S. 86-174, und der Quellennachweis auf S. 175. Auf den Valetsegen bzw. die hier abgedruckte Version wird darin kein Bezug genommen. Es wird auch nicht erwähnt, dass im Evangelischen Gesangbuch unter der Nr. 949 der Sterbesegen (Valetsegen) zu finden ist.

EKKW

Die Bestattungsagende der EKKW erschien im Jahre 2006 und wurde vom Landeskirchenamt der EKKW herausgegeben.

Unter http://www.ekkw.de/downloads/pdf/agende_IV/agende_IV_text.pdf ist sie auch im Internet abrufbar.

In der Online-Version ist auf den Seiten 68-76 der Aussegnung ein gesonderter Abschnitt mit einer kurzen Einführung und einer anschließenden ausformulierten Liturgie gewidmet. Sie bietet gleich mehrere Alternativtexte zur Auswahl und enthält an der passenden Stelle den Valetsegen und alternative Segenstexte zur Verabschiedung. Die Quelle für den Valetsegen wird mit „altkirchlich" angegeben, und es gibt auch einen Verweis auf das Evangelische Gesangbuch, wo der Valetsegen unter der Nr. 949 abgedruckt ist.

Die Einführung bezieht sich vor allem auf organisatorische Fragen, und in ihrem letzten Absatz wird betont, dass die Aussegnung von einem Pfarrer bzw. einer Pfarrerin oder einem anderen Gemeindeglied geleitet werden kann. Der vorgeschlagene Ablauf ist folgender:

EINGANG

- **HINFÜHRUNG**:

  (Bei der Begrüßung könnten einige kurze Hinweise zum Verlauf der Aussegnung Ruhe bringen und Unsicherheit abbauen.)

  (Bei einer Aussegnung zu Hause:)

  N.N. hat lange hier gelebt.
  Nun wird er / sie gleich aus dem Haus getragen.
  Wir werden ihn / sie bis zur Schwelle begleiten –
  und dann ziehen lassen.
  Es ist der erste von vielen Schritten auf dem Weg der Trauer.
  Immer wieder werden wir uns dem / der Verstorbenen zuwenden
  und wieder loslassen müssen.

Schritt für Schritt üben wir den Abschied ein
und lernen den Schmerz zu ertragen. (LK - ct)

oder:

(Bei einer Aussegnung im Krankenhaus, Altenheim, Hospiz oder in der Leichenhalle:)
Wir haben uns hier versammelt, um N.N. noch einmal nahe zu sein
und um die Wirklichkeit des Todes zu begreifen.
Es soll Zeit sein für eigene Gedanken,
für die widersprüchlichen Gefühle in uns.
Wir wollen unserer Trauer Ausdruck geben,
uns aber auch anrühren lassen von dem tiefen Frieden,
der von dem / der Toten ausgeht.
Und wir wollen N.N. in Frieden ziehen lassen,
denn unser Leben ist ein Weg, der über diese Welt hinausführt. (LK - ct)

- **VOTUM**

Der Friede Gottes sei mit euch allen!

oder:

Hebr.13,14

oder:

Zuflucht suchen, dem Tod standhalten. Gott, sei uns nahe!
(W.Böttcher-Fehr)
(oder ein anderes Votum)

- **PSALM**

Ps. 25,1.2a.3a.4-6

oder:

Ps. 39,5-8

oder ein anderer Psalm (zum Beispiel Ps. 27,1.7-9; Ps. 90, 1-5.10; Ps. 139,8-17)

oder ein Gedicht

oder ein gesprochener Liedtext (zum Beispiel 518,1+3, 528,1-3.8)

- **EINGANGSGEBET**

Herr, Gott, himmlischer Vater, wir bitten dich um den Trost, den wir uns selbst nicht geben können.
Hilf uns, auch das Schwere aus deiner Hand zu nehmen.
Gib uns die Gewissheit, dass du stärker bist als der Tod.
Lass uns mit denen, die ihre Hoffnung auf Jesus Christus setzen, zum ewigen Leben gelangen. Dir sei Ehre in Ewigkeit.
(Luth. Agende III, S.151, Nr. 4)

oder:

Gott,
das Nein des Todes quält uns.
Hoffnungen sind zerbrochen.
Überwältigt sind wir von Trauer und Schmerz.---
Führe du uns, Gott, in diesem dunklen Tal,
bis wir das Licht des Lebens
von Neuem sehen
durch Jesus Christus.
(nach Wolf Böttcher-Fehr)

oder:

Noch kann ich es nicht fassen, was deine Schickung meint;
doch will ich dich nicht lassen, wie auch mein Auge weint.
Auf deine Liebe trauen will ich, mein Herr und Gott,
und gläubig aufwärts schauen in meiner Herzensnot. (EG 531,1)

oder:

Ich steh vor dir mit leeren Händen, Herr;
fremd wie dein Name sind mir deine Wege.
Seit Menschen leben, rufen sie nach Gott;
mein Los ist Tod, hast du nicht andern Segen?

Bist du der Gott, der Zukunft mir verheißt?
Ich möchte glauben, komm mir doch entgegen.
Von Zweifeln ist mein Leben übermannt,
mein Unvermögen hält mich ganz gefangen.
Hast du mit Namen mich in deine Hand,
in dein Erbarmen fest mich eingeschrieben?
Nimmst du mich auf in dein gelobtes Land?
Werd ich dich noch mit neuen Augen sehen?

Sprich du das Wort, das tröstet und befreit
und das mich führt in deinen großen Frieden.
Schließ auf das Land, das keine Grenzen kennt,
und laß mich unter deinen Kindern leben.
Sei du mein täglich Brot, so wahr du lebst.
Du bist mein Atem, wenn ich zu dir bete.
(EG 382, 1-3 - Huub Oosterhuis / Lothar Zenetti)

oder:

Himmlischer Vater,
bei dir kommen unsere Wege ans Ziel,
und du vollendest das Leben nach deiner Güte.
Das ist unsere Hoffnung für N.N..
Mach uns im Glauben an deine Liebe getrost
und richte uns auf durch dein Wort.
Durch Jesus Christus, unsern Herrn.
(nach Luth.Agende III, S.152, Nr.6)

oder:

Zu Ende ist die Arbeit,
die Last und die Freude dieses Lebens.
Wir stehen traurig da.

Lass uns bewahren, Gott, was tröstlich ist und bleibt.
In dem, was uns geschieht, stehst du uns bei,
darauf hoffen wir.
(nach EKKW Agende IV, S. 147 Nr. 7)

oder:

In den Tiefen, die kein Trost erreicht,
lass doch deine Treue mich erreichen.
In den Nächten, da der Glaube weicht,
lass nicht deine Gnade von mir weichen.

Auf dem Weg, den keiner mit mir geht,
wenn zum Beten die Gedanken schwinden,
wenn die Finsternis mich kalt umweht,
wollest du in meiner Not mich finden.

Wenn die Seele wie ein irres Licht
flackert zwischen Werden und Vergehen,
wenn des Geistes Kraft zu Nichts zerbricht,
wollest du an meinem Lager stehen.

Wenn ich deine Hand nicht fassen kann,
nimm die meine doch in deine Hände!
Nimm dich meiner Seele gnädig an!
Führe mich zu einem guten Ende!
(Justus Delbrück, in: EG Bayern, S.908.) (Vorschlag ct)

ÜBERGANG

- **ABSCHIED**

  Wir müssen Abschied nehmen von N.N.
  und wollen in der Stille bedenken, was uns verbindet:
  Wir denken an die Liebe,

die wir geschenkt und die wir empfangen haben: –
Wir denken an gute Zeit
und an Zeit, in der wir es schwer hatten miteinander: –
Wir denken an das,
was wir einander schuldig geblieben sind,
und an das, was wir zu vergeben haben: –
(nach Luth.Agende III, S.38)

<u>oder:</u>

(bei einer Aussegnung zu Hause)
N.N. wird gleich aus dem Haus getragen
und wir müssen Abschied nehmen.
Wir haben miteinander gelebt,
waren einander vertraut,
manchmal auch fremd. - - -
Wir bedenken, was war,
die Freuden und die Sorgen,
das Tun und das Erleiden. - - -
Wir fragen uns,
ob wir einander gerecht geworden sind
als Gottes Kinder.
(W.Böttcher-Fehr)

<u>oder:</u>

(bei einem plötzlichen Tod)
Wir können es nicht fassen.
Es kann einfach nicht wahr sein.
Eben waren wir noch beieinander
und es war wie immer.
Und jetzt auf einmal ist alles anders.
Wir können nicht begreifen, was da geschehen ist,

und spüren doch, dass wir N.N. nicht festhalten können.

Wir müssen ihn / sie loslassen. (ct)

- **STILLE / PERSÖNLICHE GESTE**

So denken wir in der Stille an N.N.
Wer mag, nehme auch Abschied
mit einer persönlichen Geste.

- **ABSCHIEDSSEGEN / VALETSEGEN**

(Der Abschiedssegen wird dem Toten zugewandt gesprochen.)

Es segne dich Gott, der Vater,
der dich nach seinem Bilde geschaffen hat.
Es segne dich Gott, der Sohn,
der dich durch sein Leiden und Sterben erlöst hat.
Es segne dich Gott, der Heilige Geist,
der dich zum Leben gerufen und geheiligt hat.
Gott der Vater und der Sohn und der Heilige Geist
Geleite dich durch das Dunkel des Todes in sein Licht.
Er sei dir gnädig im Gericht
und gebe dir Frieden und ewiges Leben.

(EG 949 – altkirchlich)

oder:

Gott rief dich ins Dasein, nahm dich an in der Taufe,
bestimmte deinen Weg.
Zieh nun hin. Gott segne dich und vollende dein Leben durch Jesus Christus in Ewigkeit.

(Wolf Böttcher-Fehr)

oder:

Zieh hin, liebe Schwester / lieber Bruder N.N.
aus dieser Welt im Namen Gottes, des Vaters,
der dich geschaffen hat.

Zieh hin im Namen Jesu Christi, unseres Herrn,
der dich durch seinen Tod erlöst hat.
Zieh hin im Namen des Heiligen Geistes, des Trösters,
der dich im Wasser der Taufe geheiligt hat.
Zieh hin unverzagt, Gott sei dir gnädig im Gericht,
und seine heiligen Engel mögen dich geleiten
in sein ewiges Reich.

(Aus: *Das ewig Licht scheint da herein*, Hrsg.: Arbeitsstelle für Gottesdienst und Kindergottesdienst, Ev. Kirche im Rheinland, 1999, S. 125f.)

- **BIBLISCHES VOTUM**

(Im Hinblick auf die nun bevorstehende Loslösung wird eine biblische Ermutigung gesprochen.)

Joh. 14,1-2a.3

oder:

Mt. 5,4

oder:

Röm. 8,38-39

oder:

Jes. 43,1

oder:

Joh. 14,19

oder:

Joh. 16,33

oder:

Röm. 14,8

oder:

2.Tim 1,10

oder:

Offb. 14,13

oder:

Offb. 21,4

- **GEBET DES HERRN**

  (Das Gebet des Herrn wird gemeinsam gesprochen.)

- **SEGEN**

  (Wo es der Ordnung der Gemeinde entspricht, wird der Segen mit erhobenen Händen und dem Zeichen des Kreuzes zugesprochen.)

  Es segne und behüte euch

  Gott, der Allmächtige und Barmherzige,

  Vater, Sohn und Heiliger Geist.

  oder:

  Auf dem Weg der Trauer

  lasse Gott euch Trost erfahren

  und segne euch mit heilender Liebe.

  (Wolf Böttcher-Fehr)

  oder ein anderer Segen

Evangelische Kirche in Württemberg

Im Jahr 2000 erschien das *Gottesdienstbuch für die Evangelische Landeskirche in Württemberg, zweiter Teil, Sakramente und Amtshandlungen, Teilband Bestattung,* herausgegeben durch den Evangelischen Oberlandeskirchenrat.

Unter http://www.elk-wue.de/glauben/kirchliche-feiern/ bestattung/bestattungsagende/ können einzelne Kapitel online aufgerufen werden.

Nach einer ausführlichen allgemeinen Einleitung folgt auf den Seiten 19-32 das Kapitel „Abschiedssegen". Diesem wird eine Einleitung vorangestellt, die eine Begriffsklärung vornimmt, Anlässe und Funktionen beschreibt, über den Aufbau der Liturgie informiert, die Bedeutung der einzelnen liturgischen Stücke erklärt und schließlich Hinweise zum Gebrauch gibt sowie auf Textvarianten hinweist.

Interessant ist zunächst die Bezugnahme auf die Taufe:

Die Liturgie des Abschiedssegens ist als Weiterführung des segnenden Handelns der Kirche zu verstehen, durch das angesichts des Todes die Taufe in Erinnerung gebracht, die christliche Auferstehungshoffnung bezeugt und Gottes Segen fürbittend zugesprochen wird.

Weiter heißt es:

Die Liturgie des Abschiedssegens hat Andachtscharakter und zeichnet die wesentlichen Grundschritte eines Kurzgottesdienstes nach, der von einer vierfachen inneren Hinwendung geprägt ist: Im Benennen des Abschiedsschmerzes und der Ansage dessen, was geschehen ist, wendet sich die Liturgie der Trauersituation zu. Mit der Textlesung, vor allem aber mit dem „Valetsegen" wendet sie sich zu der Verstorbenen oder dem Verstorbenen. Durch das Segensgebet wendet sie sich an Gott und befiehlt im die Tote oder den Toten an; im Gebet vertraut sie ihm an, was die Angehörigen bewegt. Den Lebenden gilt schließlich die Zusage des Schlusssegens, dass sie ihren Trauerweg mit Gott gehen können.

Zum Valetsegen wird schließlich gesagt:

Der *Abschiedssegen* nimmt die Taufformel auf und symbolisiert damit, dass auch der „letzte Weg" von Gott begleitet wird und die Toten seiner Heilsmacht anbefohlen sind[34].

Die angebotene Liturgie hat folgenden Ablauf:

Die Verabschiedung findet nach Eintritt des Todes in der Wohnung, im Krankenhaus, Hospiz, Altenheim oder Aufbahrungsraum statt. Bei der Verstorbenen oder dem Verstorbenen kann eine Kerze (Taufkerze, Osterkerze) angezündet werden. Wo es möglich ist, sollte sie nicht sofort nach der Liturgie gelöscht werden.

Die Liturgin oder der Liturg steht dem Gesicht der oder des Verstorbenen gegenüber oder seitlich am Kopfende des Bettes oder Sarges. Die Anwesenden bilden möglichst einen Kreis um die Tote oder den Toten. Die Texte werden grundsätzlich von der Liturgin oder dem Liturgen gesprochen. Alle Anwesenden können nach Möglichkeit an den gekennzeichneten Stellen einstimmen.

---

[34] *Gottesdienstbuch für die Evangelische Landeskirche in Württemberg, zweiter Teil, Sakramente und Amtshandlungen, Teilband Bestattung,* S. 19f..

- **Gruß**

  L: Im Namen Gottes, des Vaters und des Sohnes und des Heiligen Geistes.

  A: Amen

  L: Unsere Hilfe steht im Namen des Herrn,

  A: der Himmel und Erde gemacht hat.

- **Sammlung**

  L: ....

  ist durch den Tod von uns genommen worden.

  Wir können es noch kaum begreifen.

  Wir bitten Gott, dass wir zur Ruhe kommen

  und Abschied nehmen können.

  A: Jesus Christus, Sohn Gottes, erbarme dich unser!

- **Lesung**

Römer 8, 38-39

Es kann auch ein anderer biblischer Text gelesen werden, der einen Bezug zum Kirchenjahr oder zur Biographie der Verstorbenen oder des Verstorbenen hat.

- ***Worte zum Abschied**

Hier können Angehörige aussprechen, was sie im Angesicht des Verstorbenen bewegt.

- **Stille**

Die Stille kann mit einer kurzen Hinführung eingeleitet werden, z. B.: Wir bedenken in der Stille, was uns bewegt.

- **Abschiedssegen**

Der Segen wird der Toten oder dem Toten zugewandt gesprochen, mit erhobener rechter Hand oder unter Handauflegung. Er kann mit dem Kreuzeszeichen abgeschlossen werden.

L: Wir wollen ....

dem lebendigen Gott anvertrauen.

Es segne dich Gott, der Vater,
der dich nach seinem Bild geschaffen hat.
Es segne dich Gott, der Sohn,
der dich durch sein Leiden und Sterben erlöst hat.
Es segne dich Gott, der Heilige Geist,
der dich zum Glauben gerufen und geheiligt hat.
Gott, der Vater und der Sohn und der Heilige Geist,
geleite dich durch das Dunkel des Todes.
Er sei dir gnädig im Gericht
und gebe dir Frieden und ewiges Leben.
A: Amen.

oder:

L: Im Vertrauen auf Jesus Christus geben wir ....
in Gottes Hand und Ps. 121, 7.8

oder:

- **Segensbitte**

L: Wir wollen ....
dem lebendigen Gott anvertrauen.
Gott, unser Vater,
du hast ....
zu deinem Ebenbild geschaffen.
Jesus Christus, unser Bruder,
du hast *sie* durch deine Liebe erlöst.
Gott, Heiliger Geist,
begleite *sie* und rufe *sie* neu ins Leben.
A: Amen.

- **Gebet**

L: Barmherziger Gott,
führe uns vom Tod zum Leben,
von der Verzweiflung zur Hoffnung,

von der Angst zum Trost.
Lass Frieden erfüllen
unsere Herzen,
unsere Erde,
unsere Welt.

Oder ein anderes freies oder vorformuliertes Gebet (siehe Seite 28ff.)

- **Vaterunser**
- **Segen**

A: Unsern Ausgang segne Gott, unsern Eingang gleichermaßen,
segne unser täglich Brot, segne unser Tun und Lassen,
segne uns mit sel'gem Sterben
und mach uns zu Himmelserben.
(EG 163, *gesprochen oder gesungen)*

oder:

L: Phil. 4,7

A: Amen.

TEXTE ZUR AUSWAHL

Sammlung

1. L: .... / Ihre *Mutter und Großmutter* ... ist verstorben. Wir können es noch kaum begreifen. Wir bitten Gott, dass wir zur Ruhe kommen und Abschied nehmen können.

A: Christus, du Sohn des lebendigen Gottes, erbarme dich unser!

2. L: .... ist heimgegangen in Gottes Frieden. Wir sammeln uns um *sie* und halten inne. Wir müssen Abschied nehmen und bitten Gott um sein Geleit.

L: Herr, erbarme dich! A: Herr, erbarme dich!

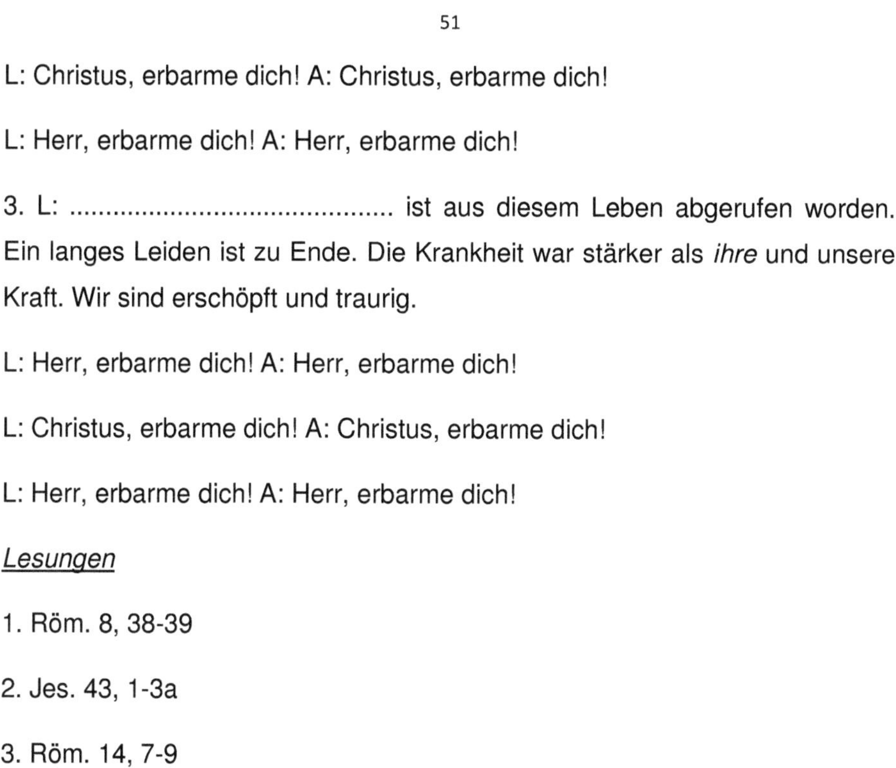

L: Christus, erbarme dich! A: Christus, erbarme dich!

L: Herr, erbarme dich! A: Herr, erbarme dich!

3. L: .... ist aus diesem Leben abgerufen worden. Ein langes Leiden ist zu Ende. Die Krankheit war stärker als *ihre* und unsere Kraft. Wir sind erschöpft und traurig.

L: Herr, erbarme dich! A: Herr, erbarme dich!

L: Christus, erbarme dich! A: Christus, erbarme dich!

L: Herr, erbarme dich! A: Herr, erbarme dich!

Lesungen

1. Röm. 8, 38-39

2. Jes. 43, 1-3a

3. Röm. 14, 7-9

4. Joh. 14, 1-3

Gebete

1. Herr, unser Gott, wir können es nicht fassen, dass wir nun Abschied nehmen müssen. Unser erstes Wort soll Dank sein.
   Dank für die Zeit, in der *unsere Verstorbene / Mutter /*
   und Großmutter / .... bei uns gewesen ist.
   Wir danken für alles, was du *ihr* Gutes getan hast,
   für alle *ihre* Liebe und Treue, für alle Güte und Freundlichkeit,
   für alle Mühe und Sorge, die *sie* sich (um uns) gemacht hat.
   Wir bitten dich:
   Vergib uns, was wir an *ihr* versäumt haben.
   Auch was falsch war in *ihrem* Leben vergib.
   Nimm *sie* auf in dein Erbarmen.

Wir bitten dich:
Gib uns Trost, Geduld und Kraft
für die Wege, die wir nun gehen,
und für die Entscheidungen, die wir treffen müssen.
Vor uns liegt eine schwere Zeit.
Herr, lass uns dein Licht leuchten.
Birg uns in deinem Frieden.

2. Barmherziger Gott,
führe uns vom Tod zum Leben,
von der Verzweiflung zur Hoffnung,
von der Angst zum Trost.
Lass Frieden erfüllen
unsere Herzen,
unsere Erde, unsere Welt.

3. Barmherziger Vater, du tröstender Gott.
In deiner Liebe bist du uns nahe.
Du fühlst mit uns und kennst unsere Wege.
Du führst und begleitest uns,
so wie du .... begleitet hast.
Wir bitten dich für Familie ....
Tröste du sie im Schmerz
und erhelle das Dunkel dieses Tages.
Lass uns das Licht der Hoffnung
und des Vertrauens leuchten.
Hilf uns, auf Jesus Christus zu vertrauen,
der durch den Tod gegangen ist und das Leben für uns erworben hat.
Binde uns zusammen in deiner Liebe.
Dir befehlen wir *unsere Verstorbene* an.
Führe *sie* zum ewigen Leben.

4. Gott, zu dir rufen wir.
   In uns ist es finster, aber bei dir ist das Licht.
   Wir sind einsam, aber du verlässt uns nicht.
   Wir sind kleinmütig, aber bei dir ist die Hilfe.
   Wir sind unruhig, aber bei dir ist Frieden.
   In uns ist Bitterkeit, aber bei dir ist die Geduld.
   Wir verstehen deine Wege nicht,
   aber du weißt den rechten Weg für uns.
   (nach Dietrich Bonhoeffer)

Segen

Biblisch-agendarische Segensformen

1. Philipper 4,7

2. Es segne und behüte euch
   der allmächtige und barmherzige Gott,
   Vater, Sohn und Heiliger Geist.

3. Der Herr segne euch und behüte euch.
   Der Herr lasse sein Angesicht leuchten über euch
   und sei euch gnädig.
   Der Herr erhebe sein Angesicht auf euch
   und gebe euch Frieden.
   (nach 4. Mose 6, 24-26)

4. Der Herr behüte euch vor allem Übel,
   er behüte eure Seele.
   Der Herr behüte euren Ausgang und Eingang
   von nun an bis in Ewigkeit.
   (nach Psalm 121, 7.8)

Liedstrophen

1. Der du allein der Ewge heißt und Anfang, Ziel und Mitte weißt im Fluge unsrer Zeiten: bleib du uns gnädig zugewandt und führe uns an deiner Hand, damit wir sicher schreiten. (EG 64, 6)

2. Bewahre uns, Gott, behüte uns, Gott, sei mit uns auf unsern Wegen. Sei Quelle und Brot in Wüstennot, sei um uns mit deinem Segen. (EG 171, 1)

3. Ordne unsern Gang, Jesu lebenslang. Führst du uns durch raue Wege, gib uns auch die nöt'ge Pflege; tu uns nach dem Lauf deine Türe auf. (EG 391, 4)

4. Befiehl du deine Wege und was dein Herze kränkt der allertreusten Pflege des, der den Himmel lenkt. Der Wolken, Luft und Winden gibt Wege, Lauf und Bahn, der wird auch Wege finden, da dein Fuß gehen kann. (EG 361, 1)

5. Führe mich, o, Herr, und leite meinen Gang nach deinem Wort; sei und bleibe du auch heute mein Beschützer und mein Hort. Nirgends als von dir allein kann ich recht bewahret sein. (EG 445, 5)

Frei formuliertes Segenswort

Gott, sei neben uns in Licht und Finsternis, Gott, sei in uns bei Tag und bei Nacht, Gott, sei bei uns im Leben und im Sterben, jetzt und immer.

Die Reformierte Liturgie

Die *Reformierte Liturgie* erschien im Jahr 2010 in dritter Auflage und wurde vom Moderamen des Reformierten Bundes herausgegeben. Sie bietet auf den Seiten 459ff. eine Andacht im Trauer- und Sterbehaus mit einer ausgeführten Liturgie und dem Angebot zahlreicher Bibeltexte an, der eine Einführung vorausgeht. In dieser findet sich auch ein kurzer Abschnitt über die Form des Trauergebetes und die Legitimität eines Sterbesegens:

Ein Trauergebet darf den Dank für das gelebte Leben, die Bitte um Vergebung für offengebliebene Schuld, die Hoffnung auf das zukünftige Leben und, im Blick auf den verstorbenen Menschen, auch Formulierungen enthalten, in denen der oder die Verstorbene Gott anbefohlen wird. Die evangelischen Kirchen haben stets eine betonte Reserve gegenüber der „Fürbitte für die Toten" gezeigt, jedenfalls wenn sie so gestaltet wurde, wie sie in der römisch-katholischen Kirche üblich ist. Sie gehen davon aus, dass wir durch unsere Fürbitte Verstorbenen nicht mehr „Gnade" zuwenden können. Andererseits haben evangelische Kirchen keine Schwierigkeit damit gehabt, einem Sterbenden einen „Sterbesegen" zuzusprechen. Die Form der tröstenden Zusage an den Noch-Lebenden wurde und wird als richtig empfunden. Die kirchlichen Trauerzeremonien, insbesondere die Trauerfeier, stellen im sozialen Erleben eine „Zwischenstation" zwischen Sterben und Gestorben-Sein dar: Sie sind Übergang. Darum können an einem Sarg oder Grab die letzten Verse von Psalm 121 gesprochen werden, die ja Anredecharakter haben, obwohl wir überzeugt sind, dass mit einem Toten keine Kommunikation mehr möglich ist. In der Schwellensituation der Bestattungsfeier ist es „stimmig", ein solches anredendes Segenswort zu sprechen und sich dabei dem Sarg zuzuwenden[35].

Der vorgeschlagene Ablauf besteht aus Eingangswort, Begrüßung, Schriftlesung, dem Angebot einer Anrede oder stillen Besinnung, einem Gebet, dem Unser Vater, der eigentlichen Aussegnung in Form biblischer Texte und einem abschließenden Segenswort. Der Valetsegen ist hier nicht zu finden.

---

[35] *Reformierte Liturgie*, S. 456f..

Die Agende der VELKD

Hinter der Abkürzung VELKD steht die Vereinigte Evangelisch-Lutherische Kirche in Deutschland, der die lutherischen Landeskirchen Bayerns, Braunschweigs, Hannovers, die Evangelische Kirche in Mitteldeutschland, die Evangelisch-Lutherische Kirche in Norddeutschland, die Sächsische Landeskirche und Schaumburg-Lippe angehören.

Im Jahr 1996 erschien als fünfter Teil des dritten Bandes die gemeinsame Neuauflage der Bestattungsagende. Den Abläufen wird eine ausführliche Einleitung mit Erläuterungen vorangestellt. Zur Aussegnung heißt es u.a.:

> Die Aussegnung gehört zur Begleitung eines sterbenden Menschen und stellt deren Abschluß dar. Sie gehört ebenso bereits zum Gottesdienst zur Bestattung. Daran wird deutlich, daß es ein Weg mit einer ganzen Reihe von Stationen ist, auf dem die christliche Gemeinde im Sterbefall ihre Glieder begleitet. Die Aussegnung soll möglichst bald nach Eintritt des Todes vorgenommen werden. Häufig geschieht dies, bevor die oder der Verstorbene in die Leichenhalle gebracht werden soll[36].

Auf den Seiten 32-39 folgt die ausformulierte Liturgie zur Aussegnung, die auch explizit so bezeichnet wird. Der Valetsegen (S. 35) hat folgenden Wortlaut:

Es segne dich Gott, der Vater,
der dich nach seinem Ebenbild geschaffen hat.
Es segne dich Gott, der Sohn,
der dich durch sein Leiden und Sterben erlöst hat.
Es segne dich Gott, der Heilige Geist,
der dich zu seinem Tempel bereitet und geheiligt hat.
Der dreieinige Gott sei dir gnädig im Gericht
und schenke dir das ewige Leben.

---

[36] *Lutherische Agende*, S. 24.

Im Anhang auf S. 222 folgen noch drei weitere Segensworte zur Auswahl, darunter die Fassung des Segens aus dem EG (949).

In diesem Zusammenhang sei noch auf die Internetseite der VELKD verwiesen, wo eine eigene Seite zur Aussegnung mit einer ausformulierten Liturgie und dem Valetsegen zu finden ist: http://www.velkd.de/746.php.

Die Agende für die Union Evangelischer Kirche in der EKD

Der abschließende Blick gilt der Bestattungsagende der UEK. Die UEK ist 2003 aus dem Zusammenschluss der Vorgängerinstitution EKU (Evangelische Kirche der Union) und der Arnoldshainer Konferenz hervorgegangen. Ihr gehören derzeit folgende deutsche evangelische Landeskirchen an:

- Evangelische Landeskirche Anhalts
- Evangelische Landeskirche in Baden
- Evangelische Kirche Berlin-Brandenburg-schlesische Oberlausitz
- Bremische Evangelische Kirche
- Evangelische Kirche in Hessen und Nassau
- Evangelische Kirche von Kurhessen-Waldeck
- Lippische Landeskirche
- Evangelische Kirche der Pfalz
- Evangelisch-reformierte Kirche
- Evangelische Kirche im Rheinland
- Evangelische Kirche in Mitteldeutschland
- Evangelische Kirche von Westfalen

Die Bestattungsagende der UEK wurde im Auftrag des Präsidiums von der Kirchenkanzlei der UEK herausgegeben und erschien im Jahr 2004. Die gedruckte Ausgabe ist eine sehr umfangreiche Loseblattausgabe, die die verschiedensten Traditionen aufnimmt. Nach einer sehr ausführlichen Einleitung beginnt auf S. 49 mit einer kurzen thematischen Einführung das Kapitel „Sterbe- und Trauerbegleitung“. Dort heißt es:

Wenn ein Mensch im Kreise seiner nächsten Angehörigen stirbt, so ist es angebracht, dass die oder der Sterbende und die Angehörigen in dieser schweren Stunde geistlichen Beistand erfahren. Ratloses Verstummen und der Aufschrei der Verzweiflung können durch eine Andacht am Sterbebett und eine Andacht zur Begleitung der Trauernden nach Eintritt des Todes aufgefangen und auf einen geistlichen Weg geleitet werden, bei dem Ergebung und Abschiedsschmerz ebenso zur Sprache kommen wie der hoffende Ausblick.
Wenn der Tod eingetreten ist, kann eine Abschiedsandacht im Sterbezimmer den Angehörigen, Nachbarn und Nahestehenden, die am Totenbett anwesend sind, helfen, die Begegnung mit dem Tod zu bestehen. Auch anlässlich der Abholung der oder des Verstorbenen aus dem Sterbehaus kann eine Andacht an der Stätte des bisherigen Lebens den Schmerz des Abschieds auffangen und erste Schritte auf dem Weg heilsamen Trauerns einleiten[37].

Auf den Seiten 50-70 folgen nun verschiedene ausformulierte Abläufe: Andacht am Sterbebett mit dem Valetsegen als Sterbesegen (S. 56), Andacht zur Begleitung Trauernder nach Eintritt des Todes (Valetsegen, S. 59), Abschiedsandacht im Sterbezimmer und Andacht anlässlich der Abholung aus dem Sterbehaus (beide ohne den Valetsegen).

Die Abschiedsandacht im Sterbezimmer soll in diesem Zusammenhang noch einmal näher betrachtet werden, da sie beim Abschiedssegen eine besondere Überraschung bereithält.

Als Alternativtext zu Ps. 121, 7+8 schlägt sie folgenden Segenstext vor:

---

[37] *Bestattungsagende der UEK*, S.49.

Ins Paradies geleite dich der Engel Chor,
bei deiner Heimkehr nehme dich auf der Märtyrer Schar,
und sie führe dich heim in die heilige Stadt Jerusalem.
Der Chor der Engel nehme dich auf,
und mit Lazarus, dem vormals armen,
gebe dir Gott den ewigen Frieden.

Im Quellenverzeichnis (S. 404) wird als Textquelle schlicht und ohne weiteren Hinweis „Evangelisches Tagzeitenbuch, S. 893“ angegeben. Zum Evangelischen Tagzeitenbuch (S. 410) findet sich sodann der Hinweis auf die Herausgeberschaft der Evangelischen Michaelsbruderschaft. Das verwundert auf den ersten Blick, da mir zunächst (und gewiss auch allen Leserinnen und Lesern, die Gabriel Faurés *Requiem* kennen) der alte lateinische Text in den Sinn kam:

In paradisum deducant te angeli;
in tuo adventu suscipiant te martyres,
et perducant te in civitatem sanctam Ierusalem.
Chorus angelorum te suscipiat,
et cum Lazaro, quondam paupere,
æternam habeas requiem.

Wie kommt also nun der lateinische Text, der in (katholischen) Requiemsvertonungen z.T. Verwendung fand und noch findet, in eine evangelische Bestattungsagende?

Klärung bringt der Wikipedia-Online-Artikel „in paradisum“:

In paradisum sind die Anfangsworte einer lateinischen Antiphon. Erstmals bezeugt ist sie in Handschriften des 7./8. Jahrhunderts. Sie war im Mittelalter noch Teil der Sterbeliturgie, d. h. sie wurde am Übergang vom Leben zum Tod gesungen. Im römischen Rituale von 1614 ist sie mit der Antiphon *Chorus angelorum* verbunden.

Im Laufe der Liturgiegeschichte wurde sie Teil der Exequien und wird heute für gewöhnlich gesungen, während – oder kurz bevor – der Sarg zum Grab geleitet wird.

Der Gesang deutet Sterben als *rite de passage* und verwendet dafür die endzeitliche Metapher von der Wallfahrt nach Jerusalem. Er findet sich auch in mehreren lutherischen Agenden[!].

Etwas weiter unten folgt der Hinweis auf die Michaelsbruderschaft:

Spätestens seit 1946 verwendet die Evangelische Michaelsbruderschaft (EMB) diese Antiphon bei Bestattungen und in ihrer Messe zum Gedächtnis der entschlafenen Brüder.

Die 1956 zuerst belegte heutige Textfassung ist gregorianisch musikalisiert und lautet: [...] (an dieser Stelle folgt der Text aus der UEK-Agende)[38].

Durch den liturgischen Gebrauch und die Verwendung in der Michaelsbruderschaft ist der alte lateinische Text also in die evangelische Tradition hineingewandert und wurde, worauf ausdrücklich hingewiesen wird, auch in lutherische Agenden übernommen und eben auch in die UEK-Agende.

Ich sehe darin auch ein kleines Zeichen vorsichtiger ökumenischer Annäherung bei aller evangelischen Vorsicht und allen Vorbehalten gegenüber den katholischen Exequien.

[38] Vgl. http://de.wikipedia.org/wiki/In_paradisum.

Schlussgedanken

Die intensive Beschäftigung mit den neueren evangelischen Bestattungsagenden hat gezeigt, dass es heute allgemein kein Problem darstellt, den Valetsegen oder eine der vielen möglichen Alternativformen (eben auch, wenn man möchte oder es situativ für angemessen hält, den Segenstext der Michaelsbruderschaft) bei der Aussegnung den Verstorbenen zuzusprechen und damit auch langsam und vorsichtig wieder ein Gefühl für alte kirchliche Traditionen zu entwickeln und sie nicht von vornherein kategorisch abzulehnen und auszuschließen.

Man mag über manche Formulierungen und Inhalte der Antiphon „in paradisum" geteilter Meinung sein, besonders über die „Märtyrer Schar", aber der Gedanke, dass Engel den Verstorbenen ins Paradies geleiten und ins Himmlische Jerusalem führen und Gott ihm ewigen Frieden schenkt, mag für die trauernden Hinterbliebenen ein sehr tröstlicher Gedanke sein, gerade in Zeiten, wo auch bei Taufen Ps. 91,11+12 besonders beliebt ist und sehr häufig von den Eltern für ihr Kind ausgewählt wird.

Dass die Vorstellung des Engelsgeleites ins Paradies bzw. ins Himmlische Jerusalem auch in der heutigen Praxis nicht so außergewöhnlich und abwegig ist, möchte ich an zwei Liedern zeigen, die in Groß-Eichen bei fast jeder Beerdigung von den Angehörigen gewünscht werden (und das nicht nur bei hochbetagten Verstorbenen) und älteren Hinterbliebenen:

Wo findet die Seele die Heimat, die Ruh?
Wer deckt sie mit schützenden Fittichen zu?
Ach bietet die Welt keine Freistatt uns an,
wo Sünde nicht herrschen, nicht anfechten kann?
Nein, nein, nein, nein, hier ist sie nicht;
die Heimat der Seele ist droben im Licht.

Verlasse die Erde, die Heimat zu sehn,
die Heimat der Seele, so herrlich, so schön!
Jerusalem droben, von Golde gebaut,
ist dieses die Heimat der Seele, der Braut?
Ja, ja, ja, ja, dieses allein
kann Ruhplatz und Heimat der Seele nur sein.

Wie selig die Ruhe bei Jesu im Licht!
Tod, Sünde und Schmerzen, die kennt man dort nicht.
Das Rauschen der Harfen, der liebliche Klang
bewillkommt die Seele mit süßem Gesang!
Ruh, Ruh, Ruh, Ruh, himmlische Ruh
im Schoße des Mittlers, ich eile dir zu!

Der Text dieses Liedes stammt von Friedrich Ludwig Jörgens und entstand 1827. Das Lied findet man, zusammen mit der vermutlich aus Irland stammenden Melodie, noch im alten Hessischen Gesangbuch (Ausgabe 1916, Nr. 571).

Das zweite Lied dürfte wahrscheinlich etwas bekannter sein:

1. Laßt mich gehn, laßt mich gehn,
daß ich Jesum möge sehn!
Meine Seel ist voll Verlangen,
ihn auf ewig zu umfangen
und vor seinem Thron zu stehn.

2. Süßes Licht, süßes Licht,
Sonne, die durch Wolken bricht!
O wann werd ich dahin kommen,
daß ich dort mit allen Frommen
schau dein holdes Angesicht!

3. Ach wie schön, ach wie schön
ist der Engel Lobgetön!
Hätt ich Flügel, hätt ich Flügel,
flög ich über Tal und Hügel
heute noch nach Zions Höhn.

4. Wie wirds sein, wie wirds sein,
wenn ich zieh in Salem ein,
in die Stadt der goldnen Gassen!
Herr, mein Gott, ich kanns nicht fassen,
was das wird für Wonne sein!

5. Paradies, Paradies,
wie ist deine Frucht so süß!
Unter deinen Lebensbäumen
wirds uns sein, als ob wir träumen.
Bring uns, Herr, ins Paradies!

Der Text dieses Beerdigungsliedes, das 1843/45entstand, stammt von Gustav Knak und ist ebenfalls noch im alten Hessischen Gesangbuch (1916) mit der Melodie von Karl Voigtländer (Nr. 553) abgedruckt.

Die im vorigen Kapitel dargestellten Agenden bieten eine Fülle an Material und Gestaltungsideen. Die Leserinnen und Leser haben nun die Möglichkeit, daraus ihre eigene, situativ angepasste Aussegnungsliturgie zusammenzustellen, vielleicht auch in mehreren Varianten.

Ich hoffe sehr, mit dem vorgelegten Büchlein einen kleinen Beitrag zur Neubeachtung und praktischen Umsetzung einer sehr alten und meines Erachtens – gerade auch unter seelsorgerlichen Aspekten betrachtet – wichtigen kirchlichen Tradition zu leisten und vielen Leserinnen und Lesern auch bei der eigenen Rollenfindung, Positionierung und Beurteilung der Aussegnung eine Orientierungshilfe geben zu können.

Relevant mag noch der Aspekt sein, darauf weisen viele Agenden immer wieder hin, dass die Aussegnung nicht unbedingt vom Pfarrer oder der Pfarrerin geleitet werden muss, sondern auch von jedem anderen Gemeindeglied übernommen werden kann.

Vielleicht wäre es auch im Rahmen der Prädikantenaus- und Weiterbildung möglich, angehende und bereits im Dienst stehende Prädikantinnen und Prädikanten für Aussegnungsfeiern in ihren Gemeinden (z.B. bei Verhinderung der Pfarrerin oder des Pfarrers) gewinnen zu können. Zumindest sollte meiner Meinung nach, da Prädikanten auch Bestattungen durchführen dürfen, die Aussegnung ein Thema in der Ausbildung angehender und auf Fortbildungsveranstaltungen bereits im Dienst stehender Prädikantinnen und Prädikanten sein.

Wichtig ist, dass eine Aussegnung nicht wegen Verhinderung der Pfarrerin oder des Pfarrers vor Ort ausfallen muss, da sie in meinen Augen gerade für die Hinterbliebenen ein ganz wichtiger Bestandteil des Trauerprozesses und des Abschiednehmens ist. Meine Kolleginnen und Kollegen der Nachbarkirchspiele und ich haben vereinbart, dass stets ein Nachbarpfarrer bzw. eine Nachbarpfarrerin von den Angehörigen informiert werden und die Aussegnung dann übernehmen kann, wenn der eigene Pfarrer bzw. die eigene Pfarrerin nicht erreichbar oder verhindert ist, worauf auch in den Gemeindebriefen immer wieder hingewiesen wird.

Literaturverzeichnis

Schriftliche Publikationen und Lexikonartikel:

- Albrecht, Christoph: *Einführung in die Hymnologie,* Göttingen ^{4}1995.
- Achelis, Ernst Christian: *Lehrbuch der Praktischen Theologie, Band 1* Marburg ^{3}1911.
- Daschner, Dominik: *Mögen Engel dich geleiten. Die Aussegnung – Liturgie und Kurzansprachen*, Regensburg 2008.
- *Evangelisches Gesangbuch. Ausgabe für die EKHN*, Frankfurt am Main 1994.
- *Evangelisches Gesangbuch für das Großherzogtum Hessen,* Darmstadt 1916.
- *Gottesdienstbuch für die Evangelische Landeskirche in Württemberg, Zweiter Teil Sakramente und Amtshandlungen, Teilband Die Bestattung*, Stuttgart 2000.
- Graff, Paul: *Geschichte der Auflösung der alten gottesdienstlichen Formen in der evangelischen Kirche Deutschlands bis zum Eintritt der Aufklärung und des Rationalismus*, Göttingen 1921.
- Grethlein, Christian: Artikel „Einsegnung", in *RGG*^{4}, Tübingen 1999.
- Heike-Gmelin, Axel: *Kremation und Kirche. Die evangelische Resonanz auf die Einführung der Feuerbestattung im 19. Jahrhundert,* Kassel 2013.
- Herbst, Wolfgang: *Evangelischer Gottesdienst. Quellen zu seiner Geschichte*, Göttingen ^{2}1992.
- Jordahn, Bruno: Art. „Begräbnis", in *EKL*^{1}*,* Göttingen 1956.
- Jordahn, Bruno: Art. „Valetsegen", in *EKL*^{1}*,* Göttingen 1956.
- Jordahn; Ottfried: „Sterbebegleitung und Begräbnis bei Martin Luther", in: Becker, Hansjakob und Dominik Fugger, Joachim Pritzkat, Katja Süß

(Hgg.): *Liturgie im Angesicht des Todes. Neuzeit I, Reformatorische Tradition. Pietatis Liturgica 13*, Tübingen und Basel 2004, S.1ff..

- Jordahn; Ottfried: „Sterbebegleitung und Begräbnis in Reformatorischen Kirchenordnungen", in: Becker, Hansjakob und Dominik Fugger, Joachim Pritzkat, Katja Süß (Hgg.): *Liturgie im Angesicht des Todes. Neuzeit I, Reformatorische Tradition. Pietatis Liturgica 13*, Tübingen und Basel 2004, S. 23ff..
- Jordahn; Ottfried: „Das Begräbnis im Zeitalter der Aufklärung", in: Becker, Hansjakob und Dominik Fugger, Joachim Pritzkat, Katja Süß (Hgg.): *Liturgie im Angesicht des Todes. Neuzeit I, Reformatorische Tradition. Pietatis Liturgica 13*, Tübingen und Basel 2004, S.61ff..
- Jordahn; Ottfried: „Das Zeitalter der Restauration", in: Becker, Hansjakob und Dominik Fugger, Joachim Pritzkat, Katja Süß (Hgg.): *Liturgie im Angesicht des Todes. Neuzeit I, Reformatorische Tradition. Pietatis Liturgica 13*, Tübingen und Basel 2004, S. 85ff..
- Jordahn; Ottfried: „Die Gegenwart", in: Becker, Hansjakob und Dominik Fugger, Joachim Pritzkat, Katja Süß (Hgg.): *Liturgie im Angesicht des Todes. Neuzeit I, Reformatorische Tradition. Pietatis Liturgica 13*, Tübingen und Basel 2004, S. 137ff..
- Jordahn; Ottfried: „Ausgewählte Funeralkompositionen von Heinrich Schütz, Johann Sebastian Bach, Johannes Brahms und Rudolf von Oertzen", in: Becker, Hansjakob und Dominik Fugger, Joachim Pritzkat, Katja Süß (Hgg.): *Liturgie im Angesicht des Todes. Neuzeit I, Reformatorische Tradition. Pietatis Liturgica 13*, Tübingen und Basel 2004, S. 549ff..
- *Kirchenbuch für die Evangelische Kirche des Großherzogtums Hessen, Zweiter Band: Die gottesdienstlichen Gemeindehandlungen*, Darmstadt 1904.

- Kirchenkanzlei der UEK: *Bestattung – Agende für die Union Evangelischer Kirchen in der EKD, Band 5,* Bielefeld 2004.
- Kirchenleitung der Vereinigten Evangelisch-Lutherischen Kirche in Deutschland (Hg.): *Agende für Evangelisch-Lutherische Kirchen und Gemeinden, Band III Die Amtshandlungen, Teil 5 Die Bestattung,* Hannover 1996.
- Köpf, Ulrich: Artikel „Bestattung", in *RGG*[4], Tübingen 1999.
- Lamp, Ida u. Karolin Küpper-Popp (Hgg.): *Abschied nehmen am Totenbett. Rituale und Hilfen für die Praxis*, Gütersloh [3]2012.
- Nestele, Ernst: *Die Aussegnung Verstorbener. Liturgische Feier unter seelsorgerlichem Aspekt*, Stuttgart 1999.
- Sörries, Reiner: *Ruhe sanft. Kulturgeschichte des Friedhofs*, Kevelaer [2]2011.
- Thümmel, [Friedrich Wilhelm]: Artikel „Begräbnis", in *RGG*[1], Tübingen 1910.
- Winter, Henning: *Die Architektur der Krematorien im Deutschen Reich 1878-1918,* Dettelbach 2001.

Internetseiten:

- http://www.bestattungen.de/ratgeber/bestattung/bestattungsarten.html (10.04.14)
- http://de.wikipedia.org/wiki/Aussegnung (14.04.14)
- http://de.wikipedia.org/wiki/Kirchliche_Begräbnisfeier (13.04.14)
- http://de.wikipedia.org/wiki/Musikalische_Exequien (13.04.14)
- http://de.wikipedia.org/wiki/In_paradisum (13.04.14)
- http://de.wikipedia.org/wiki/Kirchliche_Sterbegebete (12.04.14)
- http://intern.ekhn.de/gemeinde/liturgie.html (12.04.14)
- http://www.ekhn.de/ueber-uns/aufbau-der-landeskirche/medien/impuls-post.html (14.04.14)
- http://www.ekkw.de/downloads/pdf/agende_IV/agende_IV_text.pdf (12.04.14)
- http://www.elk-wue.de/glauben/kirchliche-feiern/bestattung/bestat-tungsagende/ (12.04.14)
- http://www.gds-bestattungen.com/waldbestattungen/ (14.04.14)
- http://www.planet-wissen.de/alltag_gesundheit/tod_und_trauer/bestat-tungskultur/index.jsp (10.04.14)
- http://www.planetwissen.de/alltag_gesundheit/tod_und_trauer/bestat-tungskultur/geschichte_der_friedhoefe.jsp (10.04.14)
- http://www.reformiert-info.de/daten/File/Upload/doc-6888-1.pdf (13.04.14)
- http://starweb.hessen.de/cache/hessen/regierungsblatt/hessisches_regierungsblatt_1899.pdf (15.04.14)
- http://www.uek-online.de/geschichte/index.html (13.04.14)
- http://www.uni-Kiel.de/prof-bobert-projekte/Rituale/die Salbung Kranker und Sterbender sowie die Aussegnung Verstorbener (11.04.14)
- http://www.velkd.de/746.php (13.04.14)
- http://www.vogelsberger-ruheforst.de/ (15.04.14)

Printed by Books on Demand GmbH, Norderstedt / Germany